AF514116

Der Autor, Wolfgang Schmidt, hat nach Beendigung seiner beruflichen Tätigkeit - er war Professor für Innere Medizin, Chefarzt einer Spezialabteilung an einem Lehrkrankenhaus der Universität - zu schreiben begonnen. Er schrieb nicht mehr Fachbücher wie früher, sondern Romane, Theaterstücke, Essays, nur für sich selbst, die Familie und Freunde. Es sind keine Arztgeschichten, auch wenn die Medizin immer wieder in die Kunstbetrachtung, in Reiseerlebnisse und in Kommentare zu politischen und gesellschaftlichen Ereignissen einfließt.

Wolfgang Schmidt

Rom, Wien, die Musik und das Kranksein

Vier Essays

Impressum

© 2012 Autor: Wolfgang Schmidt

Umschlaggestaltung tredition

Verlag: tredition GmbH, Hamburg
ISBN: 978-3-8472-8739-1
Printed in Germany

Das Werk, einschließlich seiner Teile, ist urheberrechtlich geschützt. Jede Verwertung ist ohne Zustimmung des Verlages und des Autors unzulässig. Dies gilt insbesondere für die elektronische oder sonstige Vervielfältigung, Übersetzung, Verbreitung und öffentliche Zugänglichmachung.

Bibliografische Information der Deutschen Nationalbibliothek:
Die Deutsche Nationalbibliothek verzeichnet diese Publikation in der Deutschen Nationalbibliografie; detaillierte bibliografische Daten sind im Internet über http://dnb.d-nb.de abrufbar.

Inhaltsverzeichnis

Vorwort

Michel de Montaigne (1533–1592) der Franzose, der erst Lateinisch dann Französisch oder gar Gascognisch sprach, hatte die literarische Form des Essays erfunden. Wie es heißt geht es in einem Essay nicht um eine wissenschaftliche Abhandlung, auch wenn eine Meinung zu einem vielleicht wissenschaftlichen Thema vertreten wird, im Gegenteil verzichtet ein Essay auf objektive Nachweise wie sie in den Naturwissenschaften unabdingbar sind. Ein Essay gibt keine Antworten sondern wirft Fragen auf, ist kein Dogma und darf sich, literarisch wenigstens, der Erfindung bedienen. Für Thomas Bernhard, den großen deutschsprachigen Dichter, war Michel de Montaigne eines seiner literarischen Vorbilder, wie er selbst, Bernhard, es vielen Literaten, Künstlern und großen Kabarettisten wurde. Auch Bernhard bediente sich der literarischen Erfindung, ohne je den Bezug zur Realität, die die furchtbare Quelle seines Schaffens war, zu verlieren.

Ohne mich als Epigone zu fühlen, konnte auch ich mich nicht dem Einfluss Thomas Bernhards entziehen. Da war das literarische Werk, die Musik als mitbestimmendes Element im Leben und, sicher nicht stärker als diese, seine Schilderungen und Reflexionen seiner immerwährenden Krankheit. Dass ich von Berufs wegen, mehr als zwanzig Jahre nach seinem Tod, fast ihn schützend, das furchtbare Empfinden seiner Krankheit, als realistisch und keineswegs erdichtet, verteidigen muss, ist ein Teil meines Schreibens, meiner Essays. So geht es um Krankheit, Tod, Musik und Karrieren, die alle miteinander verwoben sind. Wenn ich mich im Essay zu Carl Philipp Fohrs Tod, der Form erfundener Dialoge bediene, dann ist dies durchaus legitim. Alle Personen und ihre Aussagen zu Krankheiten und Tod sind, medizinisch betrachtet, real. Ob die Menschen tatsächlich so geredet haben, wie ich schildere, ist wohl so wahr wie es die Worte des Sokrates sind, den nur Platon und Xenophon haben reden lassen. Geschrieben hat Sokrates nichts. Und, dass Musik, Kunst und Karrieren mit Krankheit und Tod verbunden sind, ist bei „Leporello oder die Mitwirkung an der Schuld der Herrschenden" und bei „Er hört Buchbinder" eben ein Kunstgriff. Wenn schließlich in „Wilhelminenberg" vordergründig eine Art Reisebeschreibung abläuft, Wien in Teilen beschrieben wird wie Rom im „Fohr", so dienen die Städte nur als mehr oder weniger charakteristische Kulissen für die darin ablaufenden Komödien oder Dramen. Da konnte ich keinen anderen Titel für diese Essays finden als „Rom, Wien, die Musik und das Kranksein"

Carl Philipp Fohr ist ertrunken

Liebe Barbara,

Du hast geschrieben, dass Du zum Abschluss Deines Kunstgeschichtestudiums den Tod des Carl Philipp Fohr als Thema für Deine Magisterarbeit erhalten hast. Ob Du da überrascht warst, weiß ich nicht, weil ich Euren Kunstbetrieb zu wenig oder gar nicht kenne, aber ich wäre es gewesen, denn ich hätte mir vorstellen können, dass man über Dürer, Michelangelo oder Leonardo da Vinci schreibt, über Leute, die alt und berühmt wurden. Aber Carl Philipp Fohr? Gewiss, ich kenne ihn und wir hatten uns ja schon früher über ihn, über sein Werk aber, von dem einiges in der Ausstellung in Darmstadt zu sehen war, unterhalten. Da habe ich über seinen Tod nicht weiter nachgedacht. Ich habe jetzt aber den leisen Hilferuf aus Deinem Brief herausgehört, weil der Tod eher zu meiner früheren Tätigkeit, zu meinem Beruf gehörte. Da will ich Dir gleich für das Vertrauen danken, das Du in mich setzt, nur, weil wir uns gelegentlich über Kunst unterhielten. So gut ich kann, will ich Dir helfen, ohne die Aufgabe für Dich lösen zu können, denn dass Du einfach etwas abkupferst, als Deine eigenen Gedanken ausgibst, wie man das schon bei Doktorarbeiten machte, kommt für Dich sowieso nicht in Frage. Nur, einfach „so ein paar Tipps geben", ist nicht meine Art und, wie Du an den vielen Seiten siehst, die ich nach meinen Recherchen endlich in den Computer eingetippt habe, bringe ich wohl umständliche Überlegungen zum Ausdruck, aus denen Du Anregungen bekommen sollst.

Ich weiß nun nicht recht, was den, der dieses Thema an eine Kunststudentin vergab, dazu gebracht hat, dies zu tun. Vielleicht bin ich nur unzureichend informiert darüber, was zu einem Kunststudium gehört, was dieses Studium eigentlich ist, ob Kunstgeschichte oder ob es das Studium der Malerei, der Bildhauerei und was es noch so gibt, ist. Aber wahrscheinlich hat man in jedem Zweig dieses wohl umfassenden Studiums auch einen Kurs, ein Seminar oder was immer, in Anatomie zu belegen, was für den Maler, den Bildhauer, wohl unerlässlich ist. Aber, ob man mit guten oder weniger guten anatomischen Kenntnissen gleich den Tod oder die Todesart eines Wesens feststellen kann, das bezweifle ich. Und damit kann ich Dich verstehen, dass Du etwas Hilfe suchst. Auch denke ich, dass man von Dir und Deiner Arbeit erwartet, das Leben, die Kunst, die Bedeutung innerhalb der Kunstszene, des Mannes zu beschreiben, dessen frühen Tod und dessen Ursache Du ergründen sollst. Dies wird Dir nicht schwer fallen. Über den Tod könntest Du heute im Internet recherchieren und alles was Du findest, mit den berühmten Kopierklicks in Deine Arbeit laden. Aber, so viel ich weiß, wird es nicht zu viel zum Herunterladen geben, also war es vernünftig einmal bei einem alten Mann, der etwas mehr mit dem Tod und seinen Ursachen zu tun hatte, nachzufragen. Denn, man weiß ja nichts Näheres über den Tod dieses Herrn Fohr, weshalb Du auch etwas schreiben sollst, was noch nicht bekannt ist. Das ist aber gerade das, wie soll ich es nennen, Abgefeimte - das ist zu bayrisch - oder das Gerissene - das ist vielleicht neutraler und moderner - an einem solchen Thema, das irgend einer vergibt, der die Kunst erklärt, selbst nichts hervorbringt, außer Papier, und eben eher weiß wie Tinte und nicht wie Farbe riecht. Aber, Du wirst es schaffen mit diesem Thema fertig zu werden und dann kann ja der, dem Du die Arbeit vorlegen musst, einen Vortrag darüber halten.

Du weißt, dass ich, wie man so sagt, „nicht vom Fach bin". Ich bin kein Künstler, kein Maler, allenfalls ein Dilettant wie Beuys, der hinter jedem, auch hinter sich, einen Künstler vermutete, wenn er nur einige Striche aufs Papier brachte, die sich auf dem Blatt verloren. Wenn ein Gegenstand zu zeichnen war, durften auf keinen Fall die Proportionen stimmen, denn dann wäre die Kunst dahin gewesen. Aber, wenn ich mich schon mit dem Tod eines Künstlers befassen will, will ich auch einen Kunstgriff anwenden, oder besser gesagt eine These aufstellen, von der man ausgehen kann, egal ob sie richtig ist oder nicht. Wir wissen ja nicht wie es war, damals, als Fohr ertrank. Ich will es schildern, wenn auch nur erfundener maßen:

„Der Fohr ist ertrunken! Ertrunken ist er, im Tiber! Weggerissen vom Strom! Weg, weg! Weg ist er, fort. Zwei Mal noch haben wir seinen Kopf gesehen, einen Arm, der winkte, der in der Luft nach etwas griff, fast schon an der Biegung, dann gab es nur noch grünes Wasser, das in Strudeln dahin schoss. Ach, er ist tot. Er ist tot!"

Dies schrie, nein, keuchte Amsler, der aus der Schweiz, noch dazu in seinem Dialekt, so dass ihn kaum einer der Gesellschaft im Antico Caffé Greco verstand. Aber, nach ein paar Augenblicken des ungläubigen Hinstarrens auf den

Unglücksboten, nach einer Totenstille, die Minuten zu dauern schien, doch nur kurze Zeit währte, brach ein Tumult los. Alle sprangen auf, wollten fort, irgendetwas tun, rannten aneinander, bis sie wieder stehen blieben und alle durcheinander Amsler fragten: „Ja wo ist er? Er kann doch nicht ertrunken sein. Er kann doch schwimmen. Bist du sicher? Habt ihr ihm denn nicht helfen können? Warum habt ihr ihn nicht aus dem Fluss gezogen?"

Damals, im Antico Caffé Greco, in Rom, kann es so gewesen sein. Aber, dieses aufgeregte Geschrei, das Amsler, ein Kupferstecher aus Zürich, womöglich, aber nur womöglich, von sich gegeben hat, wird wohl kaum helfen. Denn, wenn wir wüssten, was dieser Amsler gekeucht oder geschrien hat, wüssten wir viel mehr, wenngleich über den Tod dieses Carl Philipp Fohr auch nichts gesagt wäre. Denn, meine Erfindung ist zwar auch eine Form von Kunst, aber für die Kunst wärst eher Du, Barbara, zuständig. Ich will nur versuchen, mit ein wenig wissenschaftlichem Eifer, die Dinge zu finden, die weiterhelfen könnten. Das wird eine schwierige Aufgabe, denn, nichts erschwert eine wissenschaftliche Arbeit mehr, als das Fehlen jeglicher Daten und fast jeglicher Literatur. Du hast mir zwar einiges an Literatur, was Du selbst hattest mitgeschickt, so dass ich mich bei Dir etwas, das das Leben von Fohr betrifft, bedienen muss. Zudem habe ich mich auf Deinem Gebiet ein wenig schlau gemacht, bevor ich Dir jetzt meine Gedanken dazu, schreibe. Freilich wirst du sagen, die Daten, die Lebensdaten von Fohr kennen wir doch und an Literatur haben wir die Veröffentlichung von Philipp Dieffenbach, der als erster über Fohr nach seinem Tod schrieb, ein Bändchen, das 1823, fünf Jahre nach dessen Tod erschien.

Natürlich hat es noch weitere Veröffentlichungen gegeben. Georg Wilhelm Issel, dem Fohr so viel verdankte, hat bereits 1821 ein "Verzeichnis der Sammlung Fohr'scher Handzeichnungen erstellt. Du kannst das Manuskript im Hessischen Landesmuseum in Darmstadt einsehen. Auch wurden von einem H. W. Eberhard schon 1825 Handzeichnungen von Fohr in Lithographien herausgebracht. Ein Herr Herbert Grossberger hat 1924 seine Dissertation in Heidelberg über Carl Philipp Fohr geschrieben. Kuno Graf von Hardenberg und Edmund Schilling schrieben 1925 über Fohrs "Leben und Werk eines deutschen Malers der Romantik": Doch, was willst du schreiben, wenn du über seinen Tod, den von Fohr, etwas herausfinden sollst? Allen Veröffentlichungen gemein ist nämlich, dass sie umso präziser werden, je weiter sie sich zeitlich von einem akuten Ereignis entfernen. Wir kennen das aus dem Gerichtssaal, wo die Zeugen plötzlich Dinge ganz genau wissen, die sie vor Jahren, als der Mord oder der Diebstahl passierte, nie gesehen haben konnten. Die Fantasiebegabten wissen alles, sehr lange und immer besser, die Ehrlichen und die Dummen haben alles vergessen. So geht es auch mit Fohr und seinem Tod und deshalb habe ich diesen so detailliert geschildert oder besser, so von Amsler schildern lassen.

Ich mach dir, liebe Barbara, nun einen Vorschlag: Man kann über die Ereignisse der damaligen Zeit nur etwas herausfinden, wenn man in dieser Zeit steckt. Das heißt nicht, dass man jetzt mit Barett oder Zylinder und wehendem Umhang - wenn auch nur geistig – herumlaufen muss. Eher muss man aus unserer heutigen Sicht die Dinge so angehen, wie sie den damaligen Menschen erschienen, die unsere

Kenntnisse und Erkenntnisse, was Technik und Historie betrifft, noch nicht hatten. Dabei will ich vorsichtig sein mit Kenntnissen oder Erkenntnissen, denn was wir heute wissen, ist morgen von gestern.

Also, Carl Philipp Fohr ist ertrunken. Carl Philipp. Wie hieß er denn? Carl oder Philipp? In meinen Recherchen heißt er einmal so dann so. Es ist egal. Jedoch, wie haben ihn seine Freunde genannt? Und wer waren diese Freunde? Es waren dies Herr Bart, der auch Barth geschrieben wird, Herr Amsler, Herr Rambo (es ist Johann Anton Ramboux, der so von Dieffenbach genannt wird), die Herren Schadow, Rauch, Cornelius und, nicht zuletzt, Herr Overbeck und noch einige Herren. Lauter Herren waren das, womöglich und vielleicht auch nicht, weil manche von ihnen nur arme Schlucker waren. Herren waren sie jedoch untereinander. Sie, die sich täglich im Antico Caffè Greco trafen, ihren Schwarzen oder Braunen tranken und über die Kunst, die Malerei im Besonderen und die Erträglichkeit des Lebens im ganz Besonderen debattierten.

Alle waren schwarz oder zumindest dunkel gekleidet. Der Gehrock, den man sonst bei jeder Gelegenheit trug, blieb um die Jahreszeit als Fohr ertrank, wohl am Haken im Quartier. Die Zylinder, die, wenn die Herren in der Öffentlichkeit auftraten, am Kopf fast festgewachsen erschienen, die man nicht nur bei jedem Ausgang, sondern stets trug, waren jetzt dem fortschrittlichen Barett gewichen. Wer weder Zylinder noch Barett trug, ging, trotz der meist langen Haare, barhäuptig. Auch wenn nach dem Greco, an den lauen, noch erträglichen Abenden, in einer Taverne der Wein meist reichlicher floss, brauchte es viele Gläser und viele Abende, überhaupt eine lange Zeit, bis man vom Herren, oft dem sehr jungen Herren, dem Herrn Kollegen, dem Mitstreiter in der Kunst, zu einem vertrauten Du überging. Meistens war nicht der Vorname sondern der Familien- oder gar der Künstlername mit dem Du verbunden.

Lass uns, liebe Barbara, die Augen schließen, ein wenig die Luft einatmen, bis wir einen leichten Hauch vom Wasser des Tibers, von den Gerüchen der Tavernen und Osterien und vom Rauch der Feuer zu spüren glauben. Pizza meinst Du zu riechen? Nein, nein, nie! Da gab es keine Pizza, damals.

Als im Greco die Herren mit wildem durcheinander Schreien aus dem armen Amsler nicht mehr herausbrachten, als dass Fohr ertrunken sei, standen sie zunächst betreten und stumm da. Sie wollten aber gerade zum Fluss hin aufbrechen, als sie Rambo heran humpeln sahen, auf den sich Bart, noch keuchend und zitternd, stützte. Man ging ihnen entgegen, führte sie ins Greco, wo sich Bart, schier erschöpft, auf einen Stuhl sinken lies und während er immer noch schwer atmend, fast geistesabwesend vor sich hin starrte, berichtete Rambo:

"Er war erst bis zu den Knien im Wasser, ja er, der Fohr natürlich, als er plötzlich wie ausglitt, auf den Rücken und ins Wasser fiel, sogar ganz unter ging, wieder aufstand, erneut ausglitt und einen Moment ganz im Wasser verschwunden war. Wir anderen drei hatten unsere Kleider, bis auf das, was wir zum Baden trugen, schon abgelegt und standen da und wussten gar nicht was wir tun sollten. Der Amsler hat laut geschrien: „Fohr, Fohr, komm raus, schwimme" und war am Ufer, zwischen den Büschen Flussab gerannt. Mit einem Ast, der am Ufer lag, ist er ans Wasser gerannt. Der Kopf Fohrs ist dann wieder aufgetaucht, eine Hand hat gegriffen, als ob sie den Ast, den Amsler hielt, ergreifen wollte. Aber zwischen dem Ast, den Amsler hielt und der Hand Fohrs, die ja auch gleich wieder im Wasser verschwand, lagen hier schon 30 bis 40 Fuß. Fohr hat nicht um Hilfe gerufen, er war ins Wasser gefallen und hat nicht einen einzigen Laut von sich gegeben.

Da sprang Bart, der sich sonst immer bedächtig abkühlte, bevor er in die Flut stieg, mit einem Satz in den Tiber und schwamm hinter Fohr, wo man ihn zuletzt sah, her. Aber bald riss ihn ein Strudel mitten in den Strom und, während man ihn gegen das Wasser kämpfen sah, wobei er ein Mal ganz in den Fluten verschwand, trieb es ihn an unser Ufer. Er konnte gerade noch den Ast eines Busches, der am Ufer steht, ergreifen und sich gegen die ihn abwärts ziehenden Wassermassen, mühsam an das Land retten, wo er, Wasser ausspeiend, hustend und ganz erschöpft und benommen, liegen blieb. Wir hatten schon gefürchtet ihn so zu verlieren wie den armen Fohr, von dem wir nichts mehr sahen."

Die zuvor wild durcheinander agierenden Künstler standen betroffen und still im Kreis um Amsler, Rambo und dem, nur vor sich hin starrenden Bart, wobei sie einmal zu diesem und wieder zu den anderen blickten. Rambo hatte Fohrs Kleider, die er am Strand zusammengerafft und unterm Arm hierher getragen hatte, auf einen Stuhl gelegt. Wer dann aus der Menge rief, „und warum seid Ihr dann nicht in den Fluss gesprungen, um den beiden zu helfen", war nicht mehr auszumachen.

Betreten standen Rambo und Amsler da: „Ich kann doch gar nicht schwimmen", sagte jeder, eher leise, so vor sich hin. „Wir wollten nur unsere Füße im Wasser kühlen. Sonst nichts!" „Aber wir müssen Fohr suchen", schrien einige und wollten zur Türe rennen. „Vielleicht hat er sich an ein Ufer retten können!" Da schüttelte Bart, der noch immer reglos auf einem Stuhl saß, langsam den Kopf, hustete nochmals und sprach leise: „Der Tiber hat ihn und gibt ihn nicht mehr her. Vielleicht ist das Meer gnädig und schwemmt ihn an den Strand. Aber er wird tot sein. Ertrunken.!"

„Wir müssen den Bütteln, der Polizei, Meldung machen. Einer der unseren ist fort, ertrunken. Er kann nicht einfach weg, nicht mehr da sein, ohne, dass die Obrigkeit es weiß". Und noch während sie durcheinander redeten, jeder in seinem Dialekt oder einem Deutsch, das sie alle verstanden, auch die Schweizer und viele Niederländer, die aber nicht zu ihrem Künstlerkreis im Greco gehörten, traten zwei Büttel, mit Dreispitz und umgeschnalltem Säbel ins Café:

„Signori, perche quest' chiasso?" Und da waren sie schon umringt, von all den dunkel gekleideten Heeren, die ihnen im feinsten römischen Italienisch erklärten: „Fohr ist ertrunken". „Il nostro compagno, il Signor Carlo Philippo Fohr e morto per annegamento".

Was an diesem Nachmittag noch alles geschah, weiß heute niemand mehr. Nur, dass Amsler und Rambo mit den beiden Bütteln zur Wache, irgendwo hin gingen, sahen alle. Man trank noch einen Kaffee, schweigend, und man ging ratlos auseinander; bis wenigstens vor die Türe, dann standen sie wieder beisammen in der Via Condotti, ratlos, schwarz gekleidet, wie zuvor. Reden schwirrten durcheinander, jeder drängte jeden aus dem Kreis, der sich gerade gebildet hatte, in dessen Mitte jetzt Bart stand. „Wir müssen etwas tun, etwas tun, nicht nur überlegen!" „Was denn?" „Wer sagt es seinen Eltern?" „Was sollen wir nur tun?"

Bart war wieder gekleidet wie vor dem Sprung in den Tiber, um Fohr zu retten und es schien wie wenn nichts zwischen seinem ersten Weggang mit Fohr, Amsler und Rambo, hinunter zum Tiber, dem schrecklichen Ereignis und jetzt, der Kaffeerunde, gewesen wäre. Aber er sagte leise: „Ich wäre bald hin gewesen, ertrunken, und habe nicht geglaubt das Ufer nochmals zu erreichen. Doch nun steh' ich hier und er ist fort. Er muss ertrunken sein. Er kann nicht mehr leben. Aber ist er wirklich ertrunken? Hat er nicht weit ab von unserem Blick, weit unten an der Biegung das Land erreicht? Sitzt er vielleicht dort und wartet auf uns, damit wir im helfen, nach der großen Gefahr? Wird er nicht wiederkommen und lachen und uns schelten, weil wir so wenig an seine Schwimmkunst glaubten? Nein." Und er schüttelte langsam, mit geschlossenen Augen den Kopf, „nein, er ist tot. Tot".

„Wir wollen den Fluss, das Ufer, absuchen", beschlossen einige und Bart sollte sie führen. Die anderen wollten, weil doch alles vergebens sei, in der Taverne warten bis sie zurück kämen mit der schlechten Nachricht, derer sich alle gewiss waren. Sie tranken ihren Roten schweigend. Auch nach dem fünften Glas war es still. Am trockenen Brot kauten sie fast widerwillig und nur manchmal unterbrach ein Seufzer ihre Stille. An den anderen Tischen, an denen Franzosen und

Spanier saßen, ging es laut wie immer zu. Zwar herrschte auch hier Betroffenheit, als man den Grund erfuhr, warum die Tedeschi heute so still und niedergeschlagen waren. Ja, den Monsieur Fohr hatten sie alle gekannt, den jungen, den lebhaften mit dem Barett, der nie aufhörte zu zeichnen und von dem bekannt war, dass er alle seine Kollegen in einem großen Gemälde festhalten und feiern wollte. Aber, er war ein Künstler wie sie auch, und doch keiner der ihren. Eine dumme Geschichte war das, fast eine schaurige. Ein Toter, ein Ertrunkener und keine Leiche, nur ein Häufchen, plötzlich ganz ungewohnt stummer Tedeschi. Als es tiefe Nacht war, kehrten Bart und seine Begleiter in die Taverne zurück. Sie schüttelten den Kopf, hoben die Schultern und setzten sich wortlos zu den anderen.

Man traf sich am nächsten Tag, nachmittags, im Greco wieder, war immer noch ratlos, doch etwas gefasster. Was soll man seinen Eltern schreiben und wer sollte es tun? Sollte man überhaupt schreiben, wenn man nicht wusste wohin es Fohr getrieben hatte. Und vielleicht war er doch noch zu sich gekommen, geschwommen und nicht ertrunken, und schließlich benommen in Ostia, im Sumpf, bei Fiumicino, schließlich ans Land gestiegen? Nein, Carl Philipp Fohr war ertrunken und nichts hat ihn gerettet. Der arme Fohr, die armen Eltern! Doch konnte man ihnen schreiben: „Der Tiber hat ihn ins Meer gespült, dort ist er begraben oder er liegt auf dem Meeresgrund"?

Am zweiten und dritten Tag nach dem Unglück war man nicht klüger. Man schwieg schon lieber als noch darüber zu reden, was man tun soll. Hoffnung, dass er plötzlich dastehen, lebend sein sollte, hatte niemand mehr. Am vierten Tag, am 3. des Juli im Jahre 1818, ging es am frühen Morgen wie ein Lauffeuer durch Rom: Man hat Fohrs Leiche gefunden, in einem Gebüsch am Ufer des Tiber hängend, zwei Gehstunden unterhalb des Orts, an dem sich das schreckliche Unglück zugetragen hatte. Der Tiber hatte die Leiche mitgerissen, aber nur wenig unterhalb der antiken Mauer hatte er sie an Land gespült, nicht ins Meer, nicht nach Ostia. Rom behielt Fohr, wenn auch nur seine Leiche.

Wer es wem sagte, dass man Fohr gefunden habe, war nicht mehr zu erfahren. Einige waren ins Haus, in dem er gewohnt hatte gelaufen, die anderen ins Greco. Gegen Mittag war ein Maultierkarren von zwei niederen Stadtbütteln begleitet in der Casa Buti, wo Fohr und ein Teil der deutschen und nordischen Künstlerkolonie wohnten, vorgefahren und hatte die nackte, von einem Tuch bedeckte Leiche Fohrs, dort abgeladen. Leichendiener oder eben Leute, die Begräbnisse zu verrichten halfen, waren, ohne dass man sie rief, gekommen und, ob es Rauch oder Koch oder wer sonst war, weiß man nicht, gab ihnen ein Hemd Fohrs, mit dem sie die Leiche bekleideten und in einen Sarg, den sie mitgebracht hatten, legten. Noch am späten Nachmittag versammelten sich alle Freunde, von denen Fohr doch viele hatte, vor dem Haus, der Casa Buti, und geleiteten das Gefährt, auf dem der Sarg lag, hin zur Cestiuspyramide. Dort, auf dem daneben liegenden, dem protestantischen Friedhof, hat man ihn ins Grab gelegt.

Aber, was war das für eine Beerdigung! Schon der Leichenzug dahin, zum Friedhof, war merkwürdig. In einer Stadt wie Rom, an Prozessionen und Wallfahrten mit

Blasmusik, mit Kreuzträgern, weiß-rot gekleideten Ministranten, Diakonen, Priestern, gewöhnt, kommt plötzlich ein Zug schweigender, dunkel gekleideter Männer und einiger Frauen, kein Priester, wenigstens keiner, den man als solchen erkennt. Es gab nämlich in ganz Rom keinen protestantischen Geistlichen. Die Männer teils in Zivil, mit hohen Zylindern, die sie jetzt in der Hand trugen, teils in dunklen Uniformen mit Zweispitzen unter dem Arm. Wenn sie nicht hinter einem Sarg her geschritten wären, hätte man diesen Zug für die öffentliche Versammlung eines Geheimbundes halten können. Gassenjungen liefen neben dem Zug her, blieben aber merkwürdig ruhig, während sie sonst immer aufgeregt schrien, blieben vor dem Eingang des Friedhofs stehen, während der Leichenzug hindurch schritt, und verloren sich in der Umgebung.

Wer den Ablauf des Begräbnisses leitete, weiß niemand mehr. Aber es war eines der feierlichsten Begräbnisse, die man auf dem Friedhof an der Pyramide des Cestius je gesehen hatte. Carl Philipp Fohr, ein Kurpfälzer, ein Deutscher Künstler, zuletzt zwar nicht in Diensten, aber gefördert von Ihrer Hoheit der Groß- und Erbprinzessin von Hessen, wurde nach seinem frühen Tod von allen Künstlern Deutschlands, die in Rom waren, von den Gesandten Preußens, Hannovers und Württembergs zu Grabe geleitet. Im Fackelschein hielt Staatsrat von Niebuhr, der Preußische Gesandte in Rom, beim Heiligen Stuhl, eine Rede am Grab. Auch der preußische Gesandtschaftssekretär von Bunsen, hielt eine kurze Ansprache. Jeder Künstler und die anderen Mitglieder der Deutschen Kolonie in Rom waren erschüttert. Fohr war mit 23

Jahren im Tiber ertrunken, sein Talent, ja seine über das Alter hinaus fertige Kunst ging mit ihm.

Nun, liebe Barbara, das ist alles, wovon man hier, beim Tod Fohrs, nur in Bezug auf die äußeren, grob umrissenen Umstände, ausgehen muss. Du wirst fragen, woher ich denn diese oft detaillierten Schilderungen, wie der Szene aus dem Caffè Greco eigentlich habe. Gut, ich will es Dir sagen, nochmals: zunächst aus meiner Phantasie, dann aus dem Büchlein des Historikers, Lehrers und Prinzenerziehers aus Darmstadt, des Herrn Philipp Dieffenbach, aus vielen Veröffentlichungen über Fohr, etwa bei Ausstellungen seiner Werke. So schrieb auch Arthur von Schneider über das Leben Fohrs, anlässlich der Ausstellung des Skizzenbuchs mit „Bildniszeichnungen Deutscher Künstler in Rom". Weiter aus Büchern, die über die heute weit berühmteren Freunde Fohrs geschrieben wurden, so über Carl Rottmann, in denen er aber erwähnt wird und aus weiteren lexikalischen Biographien. Ist dies legitim? Und wenn nicht, was soll man dann tun? Nichts anderes als die schon zitierten, die sich selbst nur auf Dieffenbach stützen und - wie ich ja schon sagte - um so genauer werden, je weiter der Tod Fohrs zurückliegt. Ich werde darum wohl noch einige Variationen bringen müssen.

Ich denke, wir wollen einmal systematisch vorgehen und unsere Quellen oder das was wir dafür halten, untersuchen. Am besten, man sieht einmal in einem schlauen Buch, einem Lexikon nach, wer denn dieser Herr Dieffenbach war. Nun, meistens findet man sehr viel über Dieffenbach, aber halt nicht über diesen Philipp. Der Plexus Dieffenbachi, ein Gefäßgeflecht in der Nase, das sehr leicht blutet und noch viele medizinischen Taten und Namen, von und mit Dieffenbach, gibt es da. Es gibt auch einen Botaniker Dieffenbach, der der Blume Dieffenbachia seinen Namen gab. Aber Dieffenbach, der Prinzenerzieher am Hessisch-Darmstädter Hof war, den muss man schon in kleineren, speziellen Schriften suchen. Ob ihn dieser Umstand glaubwürdiger macht oder nicht, sei dahingestellt.

Aber gerade was den Tod Fohrs angeht, kann man sich auf Dieffenbach verlassen, nämlich in soweit, als er gar nicht dabei, ja nicht einmal in Rom war, als die Katastrophe mit Fohr passierte. Er schreibt selbst: "Die Nachrichten von seinem Tode sind größtentheils aus dem Briefe des Herrn Hübsch an Herrn Pfarrer Kilian, theils aus einem Schreiben nach Darmstadt geschöpft und mir von einem Augenzeugen bestätigt worden." Nur, wer der Augenzeuge war, ist nirgends zu finden. Doch lassen wir Dieffenbach ruhig einmal gelten, denn was er schreibt, ist an Nachricht immer noch mehr, als alle anderen zusammengenommen, hinterließen Und schließlich schreibt Dieffenbach zum Tod Fohrs: "Mich treibt die Pflicht, die letzten Tage unseres Freundes, seinen Tod und die Ursachen welche ihn herbeiführten, zu erzählen." Er schreibt "Ursachen"! Also mehr als das, was er später schreibt, nämlich: "Fohr wagt sich zu weit. Er wird von seinen Freunden gewarnt, erklärt aber, dass er schwimmen könne. In diesem Augenblicke reißt ihn der Strom dahin." Sind das so viele Ursachen? Ist dies nicht allenfalls ein Umstand, ein Unglück? Und woher weiß Dieffenbach dass man Fohr warnte und wovor? Aber vielleicht misst man dem zu viel Bedeutung bei. Rhetorik. Denn dieser Dieffenbach fährt fort: "Eine traurige Pflicht, gleich der, welche uns gebietet, den abgeschiedenen Geliebten zu Grabe zu begleiten; aber wer möchte sich ihr entziehen; wer nicht gerne den letzten Dienst der Liebe erweisen?"

Ist dies nicht reinste Romantik? Sieht das nicht aus wie all die Bilder, auf denen trauernde Liebende sitzen, sich an den Händen halten und vor sich hin schauen? Nun, sicher sind wir heute viel zu prosaisch, um auch nur ein wenig den Schwulst jener Zeit zu verstehen. Wir wollen Fakten sehen! Knapp, präzise, dem Gegenstand, vielleicht sogar dem Toten angemessen. Obwohl, eine ergreifende Trauerfeier darf es trotzdem sein, mit Musik, Reden, Kränzen und, auf einem Kissen, dem Sarg voraus getragen, das Bundesverdienstkreuz.

Aber, dann unterscheidet sich doch die damalige Trauerfeier gar nicht so sehr von den Unsrigen, heute. Feierliche Männer in Zylindern, Gesandte der Länder, ist das nichts? Die Presse? Immerhin muss ja dieser Herr Hübsch, der an den Pfarrer Kilian in Heidelberg schrieb, bei dem feierlichen Begräbnis dabei gewesen sein. Er war also der Reporter. Und es gibt noch ein "Schreiben nach Darmstadt", aus dem Dieffenbach, zumal "von Augenzeugen bestätigt", seine Kenntnisse "geschöpft" hatte. Dann müssen wir auch, man könnte sagen journalistisch, weil sich ja alles in wenigen Tagen abspielte, den Fall Fohr aufrollen können.

Doch ganz grundsätzlich, und überhaupt, oder fällt es nur mir auf, sind zwei Umstände oder Tatsachen sehr auffällig: Einmal, es kommt ein 23jähriger Mann, den heute nur einige Kunstkenner oder Kunstliebhaber, die sich noch dazu mit den Deutschrömern, wie man sie nannte auskennen, zu Tode. Zum andern, es wird diesem Mann ein Leichenbegängnis zuteil, das man eher bei einer bekannten und hochgeschätzten Persönlichkeit erwartet hätte. Vielleicht muss man sogar noch hinzufügen: Die Gerüchte um seinen Tod, die, wie Du ja selbst siehst, bis heute nicht verstummt sind, schossen schon damals ins Kraut.

Gehen wir es noch einmal an, wie wir es wohl noch öfters tun müssen: Carl Philipp Fohr wird am 26. November 1795 in Heidelberg geboren. Seine Eltern waren gewiss nicht reich, denn er wollte sie ja, wie er kurz vor seinem Tode schrieb, endlich finanziell unterstützen. Jedoch war er auch kein armer Bauern- oder Hirtensohn, wie das der viel berühmtere Joseph Anton Koch, der uns noch begegnen wird, war. Fohrs Vater war Lehrer an der wallonischen Schule in Heidelberg, ein, wenn auch vielleicht nicht studierter, so doch wahrscheinlich gebildeter Mann. Deshalb wollten Fohrs Eltern ihm doch eine Ausbildung, sogar eine Zukunft verheißende, wie wir es nennen würden, zukommen lassen. Er erhält, mit dreizehn Jahren, während er noch auf einem Gymnasium ist, Unterricht beim Universitätszeichenlehrer Friedrich Rottmann. Wer hatte das schon? Ein Gymnasiast war beinahe ein Student, in einer Zeit, in der es weit mehr arme Analphabeten gab als heute. Dieffenbach meint zu dieser Zeit Fohrs, „dass es diesen später sehr reute, in der Schule nicht richtig aufgepasst zu haben, so dass er, insbesondere in der deutschen Sprache, Geographie und Geschichte, hinter den anderen Schülern sehr zurückblieb“. Was hat Fohr gemacht? Er hat während des Unterrichts gezeichnet, oft zum Gaudium seiner Mitschüler die Lehrer und hat sich damit "unangenehme Auftritte" eingehandelt.

Nun also: Romantik, Romantik. Nicht nur, dass man die damalige Zeit bald so nannte, nein, hier war alles schon fein abgestimmt! Heidelberg, Sohn sicher nicht reicher Eltern, erhält in früher Jugend eine Ausbildung als Künstler! Könnte man meinen, scheint aber nur so. Denn den Ort der Geburt zu bestimmen, ist nur wenigen Eltern vorbehalten. Den armen schon gar nicht. Die Reichen, damals, wurden immer auf einem Schloss geboren oder in einem vornehmen Hause. Und Heidelberg, die Stadt? Sie hatte ihre Universität, gewiss, alt, ehrwürdig, aber noch nicht ganz das Heidelberg, das Burschenschaftern, Amerikanerinnen und Amerikanern und einigen Leuten vom Film, den Kopf verdreht. Das Schloss? Weitestgehend zerstört, die Zeiten Ottheinrichs längst vorbei, der Pfälzische Hof in Mannheim und gar in München. Die berühmte Bibliothek der Stadt, die Bibliotheca Palatina, längst im unwiederbringlichen Besitz des pfäffischen Rom.

Aber die Eltern wollten doch wenigstens einen Künstler aus ihrem Sohn machen, und dafür war ihnen kein Opfer zu viel. Weit gefehlt! Es waren ja noch zwei jüngere Brüder Fohrs zu versorgen, von denen einer, Daniel ebenfalls in die Malerei ging. Sie wollten ihrem ältesten Sohn gewiss einen Beruf erlernen lassen, der ihn weit über den des Bäcker- oder Schmiedegesellen gestellt hätte, aber es war ein Beruf, der seinen Mann zu ernähren versprach, wenn er nur mit Geschick und auch etwas Glück ausgeübt würde. Sie schickten ihn ja nicht zu einem Weißbinder oder Anstreicher in die Lehre, sondern eben zu Friedrich Rottmann, von dem man schon die schönen Landschaften, die „Ansichten nach der Natur“, kannte. Wer von den Reichen wollte wohl später keine Ansicht seiner Stadt, seines Hauses, oder kein Porträt von sich und den seinen? Natürlich gab es Maler, viele Niederländer, einen Claude Lorrain, wie man ihn nannte, oder Nicolas Pousin, deren Bilder sehr gesucht waren, auch wenn die Landschaften oft die gleichen waren und einige Kirchen, Bäume, Flusswindungen das Charakteristische darstellten, das niemand kannte und immer ideal war. Aber das hätte der Carl Philipp auch noch erlernen können!

Und, schön war es doch für den Jungen. Der Lehrer, unterrichtete ihn zusammen mit dem eigenen Sohn Carl und Ernst Fries. Diese drei wurden in die Natur geschickt, um dort zu zeichnen. Wo gab es das damals, wo man Zeichnen und Malen, auch an den Akademien -wie es Fohr selbst in München erfuhr - nur durch Kopieren der alten Meister und der Gipsfiguren antiker Größen, aus verstaubten Kabinetten, erlernte!

Die drei jungen Zeichner, denn Zeichnen war die Grundlage der gesamten Kunst, das Aquarellieren kam erst später, hielten den Blick von den Höhen des Neckartals in die Rheinebene, auf Burgen , Klöster und Dörfer fest und, als sie im Sommer 1810 vor dem Stift Neuburg saßen, kam, man möchte sagen just, der Herr Hofrat und Maler Georg Wilhelm Issel des Wegs, sah Fohrs Zeichnung, erkannte sein Talent und ließ ihn, ein knappes Jahr später, zu sich nach Darmstadt kommen. Er verschaffte ihm nicht nur kleine Aufträge, die zum Unterhalt des Fünfzehnjährigen beitrugen, sondern er kümmerte sich um seine Bildung.

Aber dazu, meine ich, muss man bei Dieffenbach doch etwas näher nachsehen. Dieser schreibt nämlich, dass "der damalige Kammersekretair (jetzt charakterisirter Hofrath), Herr Georg Wilhelm Issel von Darmstadt bei einem Freunde in Heidelberg" war. Dort hat er sich nach unbekannten jungen Talenten erkundigt, wurde auf Fohr aufmerksam gemacht, traf diesen zu Hause nicht an und "ging mit Freunden den Neckar aufwärts". Dort traf er eben „just“ auf den zeichnenden Fohr. Er gab ihm, da er selbst ein dilettantischer Maler war, einige Tipps, wie wir sagen, die Fohr auch gern annahm und lud ihn zu einem gemeinsamen Ausflug nach Neckarsteinach ein. "Bei dieser Reise war es, wo Issel ihm die Anerbietung machte, ob er sich entschließen könne, zu ihm nach Darmstadt zu kommen."

Ich denke, Barbara, dies war das Wichtigste, was man für den Jungen tun konnte und musste. Denn, stell Dir vor: Ein allenfalls gut Fünfzehnjähriger kommt in eine andere, doch fremde Stadt, um dort zwar seine Fertigkeiten zu zeigen, auch etwas Geld zu verdienen, aber doch auf sich gestellt sein musste. Keine Eltern, die, falls sie es überhaupt können, auf seine Manieren sehen, ihm den Kodex der nötigen Verbeugungen und geschraubten Anreden beibringen, ihn anhalten sich zu waschen, die Leute nicht dumm anzureden, sich weder auszunützen noch zu irgendwelchen Dummheiten verführen zu lassen. Wer wäscht seine Wäsche? Wer kümmert sich wirklich um ihn?

Da zeigte sich Issel mehr als nur ein Mäzen für einen Fünfzehnjährigen. Er verschaffte ihm nicht nur „Freitische" bei Bekannten, er nahm ihn auch „als Glied der Familie" auf, so dass Fohr, der sich erst gegen einen Aufenthalt in Darmstadt sträubte, weil er glaubte „man würde ihn dort, einem Armen gleich, von dem speisen, was von der Tafel übrig geblieben", war allen dankbar und blieb ihnen, letztlich bis zu seinem Tod freundschaftlich verbunden.

Auch Philipp Dieffenbach, von dem wir das meiste über Fohr wissen und den sein Tod so bewegt hat, der Historiker und Pädagoge, ja der Erzieher des Hessischen Erbprinzen war, sich Fohrs annahm, weil ihn eben Issel auf ihn aufmerksam machte, war wohl als Glücksfall der Natur für Fohr anzusehen. Oder, war Fohr wirklich das Genie, durch dessen Entdeckung sich Issel und Dieffenbach eher selbst einen Dienst erwiesen? Waren sie die heutigen „Headhunters" schon damals, die die fähigsten Köpfe aus der Masse heraus holten? Das ist wohl gleich. Aber ein Genie, eines der Romantik, muss Fohr gewesen sein, und das hatten Issel und Dieffenbach erkannt!

Was lehrt ein Historiker und Pädagoge, wenn er in der Romantik lebt? Die deutsche Geschichte, Heldensagen, von Nibelungen und Geistern und Feen. Und die sieht Fohr, wenn er fast vier Jahre zwischen Darmstadt und Heidelberg, wo die Eltern leben und wo vielleicht doch noch sein eigentliches Zuhause ist, hin und her zieht. Dabei zeichnet und aquarelliert er nach, oder wie es oft heißt „vor der Natur". Zwischen Darmstadt und Heidelberg liegen 55 Kilometer oder etwa 32 Meilen Landschaft. Aber welch eine Landschaft, welch eine! Du bist doch schon einmal dort gewesen, Barbara. Hattest Du die Augen offen? Ich dachte, wenn es den Begriff der

Romantik nicht gäbe, müsste man nur ein Mal durch die Bergstraße wandern und man hätte ihn erfunden.

Da ist am Morgen die Rheinebene im Dunst. Weit, flach geht der Blick hinaus und verliert sich in der unsichtbaren Grenze zwischen Land und Himmel. Und am Abend, im Sommer, flirrt die Ebene im Licht der untergehenden Sonne. Der Winter kennt hier kein Weiß, allenfalls ein mildes Grau oder ein sanftes Braungelb der abgeernteten Felder. Fast das ganze Jahr aber stehst Du mitten im Grün oder Goldgelb, zwischen Weinreben, die sich an den Hängen bis zu den Bäumen des Odenwalds hochziehen. An der Straße stehen Bäume, nicht nur die schon sprichwörtlichen Mandelbäume, sondern Apfel-, alte Birnbäume, dazwischen eine Feige, Holunder, Flieder und Pappeln. Welche Hügel, die mich, sanft geschwungen und fast bebend, ich weiß nicht woran erinnern. Und kannst Du Dir vorstellen, wie es einem jungen Mann - man nannte ihn damals Jüngling - zumute war, wenn er durch dieses Land zog, zu Fuß, vielleicht auch einmal hinten auf einer Pferdekutsche sitzend? Man hatte ihm ja die Augen geöffnet, vor allem Friedrich Rottmann, aber auch Issel und Dieffenbach. Er konnte das Land sehen, als Land, nur für sich in seiner Schönheit, nicht als ausschmückender Hintergrund für eine idyllische Szene, für einen Schäfer mit Schäferin, die das taten, was man sich bei Hofe noch vor wenigen Jahren, in Verkleidung und umgeben von einer Schar von Dienern, die die Körbe mit den ländlichen Köstlichkeiten trugen, vorspielte. In seinen Skizzen hielt er so viel fest, dass er im Winter das "Skizzenbuch der Neckargegend" anfertigen konnte. Ja, er wusste, dass diese Skizzen, erst nachträglich und sauber gefertigt, ihre Wirkung nicht verfehlen würden.

Wir wollen hier nicht Kritik an der Kunst üben, ich schon gar nicht, weil ich davon zu wenig verstehe, aber, vielleicht war dies die glücklichste Zeit, wo er, Fohr, das malen konnte, was er sah. Denn später, worauf ich wohl noch kommen muss, waren eben doch wieder die Hirten, Mönche und beladenen Maulesel und natürlich die Recken und Helden das, was man darzustellen hatte. Ich muss, trotz meiner wahrscheinlichen Inkompetenz sagen, dass es mir leid tut, dass die Zeit der Romantik, was die Landschaft betrifft, so kurz war. Waren vor dieser Periode in der Gotik die Heiligen, in der Renaissance auch die Heiligen, gemischt mit geharnischten Fürsten, Fürstinnen und reichen Kaufleuten mit etwas landschaftlichem Hintergrund das Sujet, waren es im Barock wieder die Heiligen, diesmal mit drallen Weibern, die irgendwelche Helden rauben oder befreien mussten, im Rokoko die gestelzten, dünnbeinigen Könige, so waren, nach der kurzen Zeit, die der Landschaftsmalerei blieben, wieder Helden und Säbelrassler, von denen uns erst Impressionisten, Expressionisten und die Modernen erlösten. Nun ja, die Landschaft hat in vielen Jahrhunderten niemand gefallen und interessiert und war ein landschaftlicher Hintergrund notwendig, so war es oft das heilige Jerusalem, manchmal auch der See Genezareth. Was will man da machen, wenn niemand die Schönheit der Landschaft sieht? Wenn die Gebirge nur schrecklich sind und allenfalls wieder als "heroische Landschaft" erträglich sein sollen, was kann man machen?

Dabei weißt Du, dass ich keine Landschaft im fotografischen Sinn mag, obwohl es eine wunderschöne

Landschaftsfotografie gibt, die die Landschaft mit ihrem Licht, aus verschiedenen Blickwinkeln und unter ungewöhnlichen Perspektiven einfängt und nicht einfach an jedem Punkt der Welt auf den Auslöser drückt. - Doch lass mich endlich aus dieser Kunstschleife heraus, falls es mir gelingt. - So ist doch die Darstellung der venezianischen Stadtlandschaft bei Canaletto zwar „fotografisch perfekt", bei Guardi bereits wunderbar und, wenn man aus Venedig hinausgeht in die Felder Vincent van Goghs, hat man eine Offenbarung. Aber, Du weißt, Kunst kann man schwer bewerten und ich kann es schon gar nicht. Doch es tut mir leid um die schöne Landschaft der Bergstraße bei dem jungen Carl Philipp Fohr. Es sind wunderbare Bilder, die er gemacht hat. Unbefangen, man möchte fast sagen ungekünstelt, vielleicht eben romantisch ausgedrückt, von einer Atmosphäre, die den Schauenden dorthin zieht. Darum muss ich nochmals sagen: Diese Landschaft! Ich hätte hierhin meine Villa gestellt, wenn ich Tiberius gewesen wäre. Er kannte die Bergstraße nicht und hat Capri vorgezogen, vor Rom. Verständlich. Aber vielleicht bin ich in der Einschätzung einer Landschaft so wenig kompetent, wie in der Einschätzung der Kunst.

Auch zu Fohrs Zeiten war das Malen der deutschen Landschaft noch nicht Selbstzweck, so schön die Landschaft auch war. Dic Landschaft, wenn sie nicht der Darstellung des Besitzes der kleinen Grundeigentümer, der Dörfer mit ihren nunmehr gewünschten gotischen Kirchen diente, war heroisch oder italienisch und sogar antik. Während man sich aber in der Renaissance auf die Wurzeln der Kultur besann und sie studierte, schwärmt man jetzt, in der Romantik, für die Antike, die das alte Rom und Italien bedeuten und man zieht dorthin,

„ins Land, wo die Zitronen blüh'n". Dieffenbach bezeichnet Rom als den „Wohnsitz der Künste, der geheiligten Stätte der ehrwürdigsten Trümmer vergangener Jahrhunderte!" Für Griechenland ist die Schwärmerei noch weitgehend theoretisch. Es ist zwar möglich ins Land der Griechen zu reisen und dort vor den Ruinen der Dorer, Jonier und Korinther, mit ihren jeweils typischen Säulen, zu erschauern, aber die Griechen sind nicht die Herren im eigenen Hause und man hätte es dort nicht gern, das Pulvermagazin auf der Akropolis Athens zu bestaunen. Dort sitzen nämlich die Türken und ein Lord Byron, ein auf großen Umwegen zur Lordschaft gelangter, ehemals sehr einfacher Mann, der den Titel gewiss verdiente, hatte noch nicht zum großen Freiheitskampf aufgerufen. Es sollte aber noch eine kurze Zeit, ein paar Jahre dauern, bis die Wittelsbacher, die ihren Aufstieg von Kurfürsten zu Königen, diesem plötzlich schändlichen Napoleon verdankten, - was man aber, wie gesagt, nicht rückgängig machen, also nicht restaurieren wollte - ihren Spross Otto, den Griechen als König schicken konnten. Den verjagten diese allerdings, respektlos gegenüber der Antike, bald wieder. Wenn man damals selbst nicht unter den „ehrwürdigsten Trümmern" weilen konnte, baute man sich solche, nämlich Ruinen in seinen Park. Man wollte sich daran „ergötzen", beileibe damit nicht den Hütten der Untertanen, die die Ruinen bauen mussten, Konkurrenz machen.

Aber zurück zu Fohr. Auf die Empfehlung Dieffenbachs wird er Ihro Königlichen Hoheit, der Erbprinzessin Wilhelmine von Hessen, vorgestellt. Er darf ihr untertänigst sein „Skizzenbuch der Neckargegend" übergeben. Welch eine Freude für alle! Fohr erhält den Auftrag für ein „Badisches

Skizzenbuch", in dem die Heimat der Erb- und Großherzogin von Baden-Durlach, wiedergegeben werden soll. Was wurden es für schöne Studien und Skizzen nach der Natur, die er, auf einer Wanderung durch den Schwarzwald, gemeinsam mit Dieffenbach, einfangen konnte. Und die Ernte, die er im Winter 1814 und 1815 einfahren konnte, eben mit dem Badischen Skizzenbuch, war groß: Ein Jahresgehalt von 400 Gulden, das dem nunmehrigen Künstler erlaubte, sich ganz der Kunst in seinem Sinn zuzuwenden.

Doch was hat das alles mit dem toten Fohr, oder besser mit seinem Tod zu tun? Gemach! Will man den ungeklärten Tod eines Menschen untersuchen und aufklären, muss man wissen wer er war und wie er lebte. Täter- oder Opferprofil würde man heute sagen. Sicher, könnte man alles nachlesen, wo er wann war, was er dort und wie machte. Doch gibt etwa eine Tabelle mit solchen Daten ein Bild? Nein, aber man könnte eine Grafik daraus machen und hätte dann ein Bild. Aber auch dieses muss man noch interpretieren. Also versuchen wir es!

Ganz offensichtlich war Fohr, mit gerade einmal zwanzig Jahren, bereits eine, wenn auch im kleinen, erlauchten Kreis, anerkannte Künstlerpersönlichkeit. Aber wie jeder Künstler wusste er, dass er erst noch lernen musste und zudem noch der "akademischen Weihen" bedurfte. Klar, und wohin ging man? Wie auch heute noch, nach München! Ich, liebe Barbara, denke bei München natürlich zuerst ans Bier. Was Fohr gedacht hat, ist mir, nach allen Überlegungen, nicht klar geworden. War er, der doch in seinen noch jungen Jahren schon so viel erreicht hatte, begierig dort, in München, noch viel zu lernen? Hatte er nicht in Darmstadt schon, bei einem

Oberbaurat Moller, der Theater und Kirchen baute, was, trotz manch innerer Ähnlichkeit zwischen diesen, nicht dasselbe ist, in Perspektive Unterricht bekommen? War es nur eine Pflichtstation für ihn, eine, die jeder etablierte Maler zu durchlaufen hatte? Hoffte er dort auf weitere, noch bessere Verbindungen als er sie schon hatte? Vielleicht schon. Und doch muss er eine Begeisterung, mitgebracht haben, die ihn nach gleichgesinnten, anderen Maler Ausschau halten ließ, deren Freundschaft er suchte, mit denen er die Ideen der Romantik verwirklichen wollte. So lernte er in München Ludwig Sigismund Ruhl, von dem noch einiges zu berichten sein wird und Johann Anton Ramboux, beide Maler, kennen. Sie wurden seine Freunde.

Wenn er auch nur ein Jahr in München war, - eingeschriebener Student und somit Akademiker - wurde diese Zeit für sein Leben bestimmend. Vielleicht war es gerade deshalb nur ein Jahr, weil ihn die Sehnsucht aller Deutschen dort befiel: Italien. Wie alle an der Akademie, wurde er zum Zeichnen "nach der Antike" verdonnert. Das war, um das Handwerk zu erlernen. Aber, war das einem Fohr und den anderen Schülern der Akademie, selbst wenn ihr Direktor, Herr Peter von Langer, die Studien selbst leitete, überhaupt möglich? Hast Du von diesem Peter von Langer schon einmal etwas gesehen oder gehört? Ich nicht, aber das kann an mir, an meiner Bildung, liegen. Das wenige was ich gelesen habe, war nicht dazu angetan, in ihm einen großen Künstler oder Lehrer zu sehen. Doch selbst wenn es so war, dass vielleicht die Eleven den Meister an Fertigkeit in der Kunst übertrafen, so konnte dieser seinen Schülern Begeisterung für ein Ziel vermitteln, auch wenn er den Weg dahin nicht genau kannte.

Ich muss hier wieder abschweifen auf ein ganz anderes Gebiet, die Musik. Ich habe bekannte Solisten als Lehrer bei Meisterkursen und deren Schüler gehört und gesehen. Wenn der Meister irgend eine Stelle aus einem Werk hören und in der Interpretation darstellen wollte, konnte er aus zehn oder fünfzehn Schülern irgend einen herausgreifen, der ihm dann etwa aus einem Klavierkonzert von Beethoven, oder aus einer Brahmssonate, die gewünschte Stelle, für meine Ohren perfekt und auswendig, vorspielte. Das sind die Schüler der Akademien, die Künstler, die bei Künstlern lernen! Da mögen die Lehrer oft verschroben sein, dem Schüler nur sagen, nicht zeigen können, wie man etwas macht, aber das können sie. So hat in seinen Kompositionskursen und Anweisungen zur Komposition Humperdingk gesagt, dass, immer wenn von Elfen die Rede ist, die Harfe eingesetzt werden müsse. Nun gut, ich habe nichts gegen die Harfe, aber doch einiges gegen Elfen. Auf diesem Gebiet bin ich kein Romantiker.

Nun zu Fohr: Kann es ihm nicht so ergangen sein, dass er die große Idee der Romantik, die erneute Entdeckung der Antike, nach der Renaissance, in München kennen lernte, und musste er nicht manchmal eine zeichnerische Harfe einsetzen, weil man es eben so machte? Vielleicht. Und, weil ihm doch etwas fehlte, was er lernen wollte, kopierte er die Alten Meister, die damals schon in München ihren Platz gefunden hatten. Dies bei dem erbitterten Konkurrenten Langers, dem Museumsdirektor Johann Christian von Mannlich, der künstlerisch weit angesehener war als der Akademiedirektor. Das hat ihm erst einmal Schwierigkeiten mit Langer eingebracht, aber auch die Erkenntnis, dass unter Künstlern

Neid, Missgunst, Überheblichkeit und Anfeindung oft die Kunst ersetzen oder ein Teil von ihr sind.

Für uns heute eher unvermittelt, aber in der Vakanz, also in den Ferien, wie wir heute sagen, unternahm er von München aus eine sechswöchige Wanderung nach Tirol, Oberitalien, Kärnten und das Salzburger Land mit Salzburg. Da war er wieder der Landschaftsreporter, einfach der Künstler, der alle Landschaften in sich aufnahm, festhielt, um sie später zu verarbeiten. Siebzig Aquarelle hat er von dieser Reise mitgebracht! Und hat er nicht in Verona und Venedig ein Italien gesehen, das uns noch heute staunen lässt? Glückliche Zeit!

Als er wieder nach München kam, erwartete ihn ein weiteres Ereignis, das seinen Weg bestimmen sollte: Die Münchner Akademie stellte gerade das von ihr erworbene Gemälde „Heroische Landschaft mit Regenbogen", eines gewissen Joseph Anton Koch aus, eines Österreichischen Malers, eines „Modernen", weil dieser das Bild erst 1804 gemalt hatte. Fohr war beeindruckt. Ölmalerei! Diese, die andere Ausdrucksmöglichkeiten bot als die ihm geläufige Aquarelltechnik, musste er erlernen. Ruhl, der Maler aus Kassel, den er schon kannte, half ihm dabei. Zudem war Ruhl, mit dem er sich mehr und mehr anfreundete, von der gleichen Begeisterung für die Kunst ergriffen, so dass sie zusammen Illustrationen, die in ein romantisches Buch, wie die „Melusine" von Tieck oder der „Zauberring" von Fouqué, gehörten, schufen.

Weil man wenigstens ein Jahr an der Akademie absolvieren soll, blieb Fohr bis zum Mai 1816 in München und ging dann nach Heidelberg, aber jetzt in die Studentenstadt! Du kennst doch, Barbara, das Heidelberg von heute. Wenn man durch die Altstadt geht, durch die Hauptstraße, die Karpfen-, Bauamts-, Schiff- und Kettengasse, vorbei an Providenz- und Heiliggeistkirche, in der keine Bibliotheca palatina mehr steht, mit dem Blick aufs Schloss, dann hat man das Heidelberg Fohrs. Es gab noch keine naturwissenschaftlichen Institute, keine Kliniken, kein Krebsforschungszentrum im Neuenheimer Feld, dort aber Ausflugswirtshäuser, und es gab schon die ersten Burschenschaften, die man, leider, heute noch sieht.

Mir scheint, als hätte die Zeit von Mai bis Oktober 1816 genügt, um Fohr doch sehr zu verändern, denn er passte sich rasch an die Zeit an. Er ist einundzwanzig, ein Mann aus einem Großherzogtum, das von Napoleons Gnaden aus einer Landgrafschaft entstanden war. Er lernt die Burschenschaften, die sich, noch im Siegestaumel nach der Napoleonischen Niederlage, im Deutschgetümel, nicht radikal genug gebärden können. Sie, die Burschenschaften, nehmen Fohr, der jetzt Akademiker ist, in ihre Reihen auf. Carl Philipp wird Deutscher, Deutscher in der politischen Gesinnung, in seinem Habitus. Er wird sogar "Altdeutscher". Seine Haare und seine Kleidung "wallen" jetzt. Er hat einen Hund. Er zeichnet sein Selbstbildnis. Er, der wegen seiner schwächlichen Konstitution vom Militärdienst befreit wurde, nimmt Reitstunden und soll ein passabler Reiter geworden sein. Wilhelmine von Hessen, die Erbprinzessin, unterstützt ihn, der jetzt so aussieht wie man sich einen Künstler vorzustellen hat, finanziell so, dass er wieder aufbrechen kann. Und wohin bricht er auf, was ruft ein deutscher Künstler, ein Romantiker? „Auf nach Rom!“

Nun kann ich nicht sagen, ob man in einer Magisterarbeit, also in der, die entstehen soll, den Blick etwas von der Kunst weg, in die sogenannte Realität werfen soll. Wie man manchmal Wissenschaftlern eine Elfenbeinturm-Mentalität nachsagt, könnte man dies einigen Künstlern und ihren Mäzenen auch. Wenn sich offenbar Carl Philipp 1816 den Burschenschaften und damit der Politik zuwandte, so hat man in seinem Lebenslauf, zumindest in seiner dürftigen Biographie, zuvor nichts gefunden, was über die politischen Verhältnisse der Zeit etwas ausgesagt hätte. Er wird von Höflingen, nach Darmstadt geholt, um gebildet zu werden, während in Europa Armeen marschieren und das Volk, soweit man es überhaupt wahrnimmt, dahin kümmert. Die Leibeigenschaft ist nichts Unbekanntes. Schließlich tobt, während das "Skizzenbuch der Neckargegend" entsteht, die Völkerschlacht bei Leipzig, in der einige Generale Ruhm und Ehre und viele einfache, gepresste Soldaten den Tod finden. Nachdem das Gespenst Napoleon, damals schon wie heute, bewundert, gehasst und gefürchtet, für eine, kurze Zeit, verschwindet, geht man wieder ans Restaurieren der alten Verhältnisse, belässt, was man aus der Napoleonischen Ära für gut befindet, für die Herrschenden, pflegt wieder die Künste wie bisher und lebt feudal.

Wenn es hier, bei dieser Arbeit, nicht um Kunst und Tod ginge, könnte man sich auf die politischen Verhältnisse konzentrieren, was aufregend genug wäre. Während nicht eine, sondern mindestens drei Generationen, sich mit dem

Edlen und Schönen in der Kunst beschäftigten, ein gewisser neugeadelter Ministeriale des Herzogtums Sachsen-Weimar, namens Goethe, sich inkognito in Arkadien wieder fand, wurden aus den kleinen Fürstentümern arme Bauernburschen, die man in den Soldatenrock gezwängt hatte, als Söldner, oder besser Kanonenfutter, nach Amerika verkauft. Dass endlich eine Revolution, die französische, zustande kam, war ein Glücksfall. Endlich erhob sich ein verzweifeltes Volk, erhoben sich die Namenlosen, die nicht einmal einem Stand angehörten und nahmen Rache für jahrhundertelanges Ausgesaugt- und Ausgeblutetwerden. Die Schäferspiele waren zu Ende. Doch das Volk, grausam gegen seine früheren Peiniger, immer mehr aber gegen sich selbst, wollte wieder die als Marschallstab getarnte Knute. Ein Napoleon musste kommen, ein Imperium erschaffen, seine armen Landsleute und die nun in seinen Diensten stehenden Bauernburschen seiner buckelnden deutschen Fürsten, die er zu Königen gemacht hatte, über Europa hinwegfegen lassen. Als ihn die Weiten Russlands und Seuchen wie die Cholera und Typhus besiegt hatten und er, unter Zittern seiner nunmehrigen Gegner und doch heimlich bewundert, unterging, erholte, restaurierte man sich. Und für alle, das arme Volk und die Reichen, war es wieder wie früher.

Ein schon gealterter Goethe, der seine militärische Zeit bei der Belagerung von Mainz absolviert hatte, schrieb noch und wieder und ging zur Kur. In den Fürsten- und Königshäusern wurden die alten Bilder in den Galerien wieder aufgehängt. Neue kamen hinzu, zeigten den Herrscher jetzt im Hermelin, weil er ja König war. In Frankreich verschwanden die Bilder des Imperators, natürlich auch im Hermelin und mit Krone, umgeben von der hohen Geistlichkeit, in den Magazinen. Man konnte ja nicht wissen! Es gab wieder zwei Welten: Die Schöne und die nicht wahrgenommene andere. Die Künstler gehörten zur ersten, denn von ihr lebten sie. Es war eben der Vierfarbendruck, auf dem der Schutzengel die Kinder auf einem schmalen Steg über die Schlucht führt, der Druck, den man auch in die ärmeren Hütten hängen konnte, noch nicht erfunden.

Nun zog es also den jungen Carl Philipp Fohr nach Italien, nach Rom. Er war vorher ja nur in Verona und Venedig, wo man zwar auch italienisch sprach, aber ein anderes als in Rom oder gar in Neapel-Sizilien, damals ein Königreich der Bourbonen. Nach Rom, das seit mehr als hundert Jahren die Künstler aus der ganzen Welt anzog, wollte er. Dazu allerdings bekam er die ausdrückliche Erlaubnis der „Durchlauchtigsten Groß und Erbprinzessin", Ihrer Königlichen Hoheit Wilhelmine von Hessen-Darmstadt. Wie er seiner Gönnerin untertänigst und dankend schrieb, wollte er "in dem herrlichen Italien unter so vielen geistreichen Künstlern Roms zu dem Höhern, Vollkommeneren der Kunst gelangen". Fohr war da noch etwas jünger als Jean-Honoré Fragonard, der mit 23 Jahren, 1755 den Prix de Rome erhalten hatte. Würde man einmal von ihm, Carl Philipp so sprechen?

Nun endlich zog er, zu Fuß, über Freiburg, das Höllental im Schwarzwald, Schaffhausen, Zürich, Zug und Altdorf, über den Sankt Gotthard. Einen Begleiter, der noch eine gewichtige Rolle in Rom spielen sollte, hatte er dabei: Seinen Hund Grimsel, eine Dogge. Warum der Hund Grimsel hieß, weiß ich nicht. Der Grimselpass, über den Fohr ja meines Wissens nicht ging, ist ein abweisender, kalter, steiniger und gigantischer

Einschnitt in den granitenen Bergen. Grimsel jedenfalls, war bei ihm auf dem Weg nach Rom und blieb auch dort bei ihm.

Vielleicht, Barbara, bin ich ein Banause, aber, als ich das erste Mal im Leben mit der Eisenbahn wohlgemerkt, einschließlich Gotthardtunnel und damit nur unter diesem Pass hindurch fuhr und die Landschaft zu beiden Seiten sah, wollte ich aus dem Staunen nicht mehr heraus kommen. Ich hätte sofort, rückwärts reisend, das ganze nochmals erleben wollen. Über Fohrs Gefühle beim Durchqueren der Alpen, wissen wir eigentlich herzlich wenig. Wo ist der Romantiker? Denn, Friedrich Schlegel hat über den Sankt Gotthard und die Alpenpässe geschrieben: „Wir fühlen in dem Anblick der Felsen immer die Natur selbst; denn nur in den Denkmalen alter Naturzeiten, wenn Erinnerung und Geschichte in großen Zügen vor unser Auge tritt, tun wir einen Blick in die Tiefe dieses erhabenen Begriffs, der nicht beim Genuss der angenehmen Oberfläche schon hervortreten mag". Irgendwelche Worte wie diese hätte man ja erwartet, aber vielleicht gibt es „heroische Skizzen" von Fohr, die den Gotthard zeigen, wie er stürmisch und nur unter großer Gefahr zu überqueren ist. Es muss zum Fürchten gewesen sein, damals, auch am Gotthard- wie am Grimselpass, denn William Turner, der seine erste Italienreise erst 1819, mit 44 Jahren, unternahm, malte den Gotthard so grandios schaurig, dass es Fohr, der mit seinen 22 Jahren den Pass drei Jahre vorher überschritt, wohl auch eine Gänsehaut bereitet haben konnte.

Aber dann absteigen von der Gotthardhöhe, die Tremola hinunter, das möchte man mit Fohr noch heute allzu gerne.

Hier in der Schweiz, im Tessin, das ein Jahr, nach dem Wiener Kongress, auf dem man die alten Länder wieder an die vormals Mächtigen verteilte, endgültig eidgenössischer Kanton geworden war, beginnt Italien. Die Menschen bitter arm, das Tessin ein Armenhaus, aber welche Pracht der Landschaft, welche Italianitá, wenn auch noch älplerisch, für den, der es sich leisten konnte hier durchzureisen. Ich muss die Augen schließen und an Stelle Fohrs schwärmen, wenn ich höre: Comer See, Mailand, Bologna, Florenz. Wäre ich dort hängen geblieben, irgendwo dort, wenn ich mit ihm gewandert wäre? Aber vielleicht ging es mir wie ihm: Wenn das Ziel Rom heißt, macht man wohl keinen Tag Pause, auch wenn Florenz noch so schön ist.

Unter welchen Umständen Fohr nach Rom kam, wissen wir auch nicht. Wir wissen nichts von Strauchdieben, die die Kutschen überfallen, die einzelne Wanderer, seien sie arme Reisende oder Pilger, wegen ein paar Scudi umbringen, nichts von schmutzigen Kaschemmen, in denen halsabschneiderische Wirte nach einem schlechten Nachtmahl ein verwanztes Bett, oft für zwei Leute, feilboten. Vielleicht war seine Reise glücklich, weil er weder zu den Reichen noch zu den ganz Armen gehörte.

Wie kam er in die Stadt, das Ziel der Reise und der Sehnsüchte? Durch die Porta del Popolo, auf der Via Flaminia? Wir wissen es nicht und es erscheint auch nicht so wichtig. Doch wichtig war, dass er nicht als unbekannter in die Stadt kam, denn als er als erstes den deutschen Mittelpunkt Roms, das Café Greco, das vor 56 Jahren, 1760 der Grieche Niccola di Maddalena gegründet hatte, suchte und betrat, „wie die

Deutschen zu thun pflegen" wie Dieffenbach schrieb, kannte man ihn und seinen Namen. Ein Herr Lerch aus Darmstadt, der ihn möglicher weise von Angesicht kannte, führte ihn gleich zu seinem Freund aus der Münchner Zeit, zu Ludwig Ruhl. Seinen teuren Gasthof, den er zunächst als Quartier dachte, konnte er sofort aufgeben, denn er konnte mit Ruhl zusammen in der Casa Buti wohnen und hatte noch Christian Daniel Rauch, Bertel Thorvaldsen, die Bildhauer und die Maler Rudolf und Wilhelm Schadow als Hausgenossen. Wenn das nichts ist! Mehr noch: Um die Piazza di Spagna, im "Quartiere degli infideli", lebten die meisten der ungläubigen, protestantischen Künstler. Das Hotel d'Allemagne, ein weiterer Treffpunkt neben dem Greco, war nicht weit.

Das Glück blieb auf Fohrs Seite. Joseph Anton Koch, den er so bewunderte, der damals 48jährige österreichische Maler, der unbestrittene Mittelpunkt der Deutschrömer, der Springer im Greco, ließ ihn in seinem Atelier arbeiten, ja, er ging mit ihm hinaus in die Natur, die Campagna, entlang der Via Appia, um mit ihm gemeinsam Studien für ihre künftigen Gemälde zu fertigen. Es war wie in den alten Zeiten in Heidelberg, wo er mit Carl Rottmann und Ernst Fries vor der Natur zeichnete. Er konnte nicht ahnen, dass Carl Rottmann, den er als seinen „Dich liebenden Freund" bezeichnet hatte, den man aber für den weniger begabten von ihnen hielt, von dem er schon über fast fünf Jahre nichts mehr gehört hatte, einmal, in wenigen Jahren, für seinen Kronprinz und späteren König, die Italienbilder schlechthin, in der Campagna, Süditalien, Sizilien und schließlich in Griechenland, die Skizzen für seine Gemälde, die München als Isarathen zieren sollten, zu Papier und Leinwand brachte. Nach den Skizzen

Fohrs aus dieser Zeit mit Koch, entstand dann im Atelier das Gemälde „Die Wasserfälle von Tivoli". Es hängt heute im Städel, in Frankfurt.

Ich habe dieses Bild gesehen und muss sagen, weil ich ja kein Künstler bin, dass es mir vorkam wie jedes Bild von Tivoli, denn es gibt nahezu keinen Maler der früheren, damaligen und späteren Zeit in Rom, Deutsche und alle Franzosen und Engländer eingeschlossen, der nicht wenigstens ein Mal die Wasserfälle von Tivoli, Tivoli und seine Umgebung, und sonst etwas von Tivoli gemalt hätte.

Übrigens Barbara, wenn Dich Deine Studien über Fohr dahin führen sollten, nach Tivoli: Im Ristorante Sibilla, direkt an den Tempeln der Vesta und Sibilla, sitzt und isst man ausgezeichnet. Nicht versäumen!

Im Café Greco, dem deutschen Café, trafen sich nicht nur die der Landschaft huldigenden Deutschrömer, sondern auch die Nazarener. Johann Friedrich Overbeck und Peter Cornelius waren damals ihre führenden Köpfe. Ihre Künstlergemeinschaft wohnte im Kloster Sant' Isidoro, ihr künstlerischer Mittelpunkt war das Casino massimo in Rom. Ihnen schloss sich Fohr mehr und mehr an. Fohr, der Maler der italienischen Landschaft, begeisterte sich für die frommen Gemälde der Nazarener! Ohne deren Kunst, die die Historienmalerei im frommen Gewand ist, werten zu wollen, finde ich eine idyllische Landschaft, selbst eine heroische, erträglicher als „Italia und Germania" oder „Josef deutet den Traum des Pharao".

Doch muss ich, liebe Barbara, mehr der Kuriosität halber, etwas auf das „Antico Caffé Greco" eingehen. Der schon genannte Grieche, der das Café gründete, hatte neben dem Kaffeeausschank auch das Rauchen eingeführt. Letzteres war in den anderen Cafés ganz oder teilweise verboten. Wie ein Arthur von Schneider im letzten Jahrhundert über die „Deutschen Künstler in Rom" schreibt, ließ schon 1781 Wilhelm Heinse seine Briefe dorthin senden. Das Greco war für viele eine Anlaufadresse, auch wenn „diese Kaffeebude jetzt eine wahre Rauchkammer, wo man sich oft kaum erkennen kann, aber doch gerne beisammen sitzt und plaudert", war.

In späteren Jahren besuchte Arthur Schopenhauer, der deutsche Philosoph, das deutsche Café Greco in Rom. Er machte aber dort einige beleidigende Angriffe auf die deutsche Nation, weshalb er „um ein Haar von seinen Landsleuten aus dem Café auf die Strasse gesetzt wurde." Im Greco sei auch Koch, der Joseph Anton, doch sehr aufgefallen. „Koch kräht plötzlich wie ein Hahn und springt von einem Tisch zum andern und ruft „steigt mir nach über die Berge"", schreibt wieder jener Arthur von Schneider.

An dieser Stelle ist noch etwas zum damaligen Italienbild, sowohl auf Leinwand, gestochen, als Aquarell und in allen möglichen Techniken, als auch in den Köpfen der Menschen, zu sagen. Gewiss, was immer angeführt wird, die Käufer, die neugierigen Bildungsbeflissenen, wollten es so. Aber musste es sein? Denn nahezu kein Bild, auch nicht die schönste Landschaft, von wem und wo auch immer, kommt ohne die tanzenden, Tamburin schwingenden Frauen und Männer in bunten Gewändern, ohne Hirten, Bettler, Mönche, Esel und Maultiere aus. Ja hat denn ganz Italien nur getanzt? Bei der Ernte, am Nachhauseweg vom Feld, immer Tamburin und Tanz! Hier berühren sich die Landschafter und die Nazarener schon stark. Letztere malen die Figuren viel größer! Armes, herrliches Italien!

Es scheint aber, dass Fohr von allen Künstlern, die sich im Greco trafen, weiterhin nicht nur als einer der ihren akzeptiert wird, er wird sogar von ihnen quasi beauftragt das „Gruppenbild der deutschen Künstler im Café Greco" zu malen. Er beginnt mit Eifer die Vorarbeiten. Skizzen mit Porträtentwürfen häufen sich. Wenn man sie heute sieht, kann man nur von meisterlichen Zeichnungen, mit einem Ausdruck in den Gesichtern, wie man sie mit keiner Kamera einzufangen vermag.

Im Frühjahr 1818 wandert man gemeinsam zum Nemisee, wo wieder Skizzen der Gesichter und Köpfe der vielen Maler, Kupferstecher, Radierer und Bildhauer entstehen. War der Nemisee, der alte Vulkankrater, das etwas düstere Auge der Unterwelt, von Vorbedeutung auf den 29. Juni? Wahrscheinlich nur, wenn man Vorahnungen, Traumgesichte und Prophezeiungen für Realitäten dieser Welt hält.

Bevor er das "Gruppenbild der deutschen Künstler im Café Greco" zu malen beginnen konnte - was er nie sollte - entstand noch seine "Gebirgslandschaft mit Hirten bei Rocca", ein großes Gemälde. Das waren die wesentlichen künstlerischen Ereignisse, in seinem letzten römischen Jahr. Was aber geschah in seinem privaten Leben? Kann man das überhaupt von seiner Kunst trennen? Mit seinem Freund Ludwig Ruhl, der ihn in München in die Ölmalerei einführte, der ihm als erster ein Zuhause in Rom bot, mit dem er sich jetzt immer mehr entfremdete, wollte oder musste er sich duellieren. Was der Grund war, wissen wir nicht, müssen darauf aber noch kommen. Das Geld wurde knapp, teils weil er mehr brauchte, teils weil eine Teuerung eintrat. Wie es aber in jedem Rührstück einen deus ex machina gibt, so gab es gleich mehrere für ihn.

Dieffenbach schreibt dazu: „Ein deutscher Kunstfreund (Herr Passavant von Frankfurt a. M.) bat ihm eine Ansicht von Tivoli auszuarbeiten, bestimmte ihm auch für diese Arbeit die Summe von 40 Louisd'or, wovon er die Hälfte sogleich ausbezahlte." Das ist doch etwas! Ob dieser Herr Passavant oder seine Nachfahren diejenigen waren, denen wir die Abfluss-, die Gullideckel verdanken, auf denen eben „Passavant" eingegossen war, konnte ich nicht feststellen. Es gibt auch noch in der Anatomie des Menschen einen Passavantschen Schlundring, der den Speisen nur erlaubt nach unten geschoben zu werden und nicht in die Nasenhöhle und kein zurück mehr zulässt, was eine Analogie zu den Gullis ist. Aber dieser Herr Passavant, ein Chirurg, wurde halt erst 1815 geboren und dürfte zu dieser Zeit, selbst bei glänzendsten beruflichen Aussichten noch kein Geld für Carl Philipp Fohr gehabt haben.

Für den Herrn Passavant aber, der ihn in Rom aufsuchte, schuf Fohr ein Ölgemälde, eine „Gesamtansicht des berühmten Wasserfalles vom Teverone bei Tivoli". „Als Staffage befindet sich links im Vordergrunde ein spinnendes

Weib nebst zwei Kindern und einem schlafenden Manne. Rechts ist ein Mönch, der jedoch, wie mich ein glaubhafter Zeuge, Herr Bart, versicherte, nicht von Fohr, sondern von Herrn Cornelius gezeichnet ist". Dies hat Herr Dieffenbach so geschrieben. Da sieht man wieder die Italiener! Man kann sie nur zur Staffage gebrauchen, der Mann schläft, die Frau spinnt, um, sich abrackernd sich und die beiden Kinder zu ernähren und ein Mönch wird dazu fromme Gebete zum Himmel schicken. Warum hier die Tanzenden mit dem Tamburin fehlen, ist nicht auszumachen. Dies ist das Bild, von dem ich sagte, dass es im Städel hängt.

Doch zu Fohrs schwindender Geldknappheit zurück, es gab auch noch die Göttin, die dea ex machina: Prinzessin Wilhelmine, seine schon bisherige Gönnerin. 200 Scudi, beinahe 50 Louisd'or hat sie ihm als extra Zuschuss bestimmt. Er war darüber so glücklich, dass er seinen Eltern, wenn sie es bedürftig wären, die Summe von 100 Gulden als Unterstützung anbot. Da es mehr den Charakter des guten Sohnes zeigt, kann man wohl darauf verzichten, die Scudi, Louisd'ors und Gulden auf Heller und Pfennig in Kreuzer, Taler verschiedener Währungen und in Pfunde umzurechnen. Und, wenn zu einem Unglück gewöhnlich noch ein anderes kommt, will oft auch das Glück noch etwas dazu tun.

Kronprinz Ludwig von Bayern, der in Italien die Antike suchte, der später sogar die Villa Malta kaufte, damit er dort Besitz habe, um Bürger von Rom zu werden, der von einem Schwarm akademischer Bediensteter begleitet war, veranstaltete auf seiner ersten Italienreise eine Feier, auf der auch Fohr war und dort Frau von Humboldt kennen lernte. Ihr

Mann, Wilhelm, der kleinere der berühmten Brüder, neben dem Weltreisenden Alexander, war zu dieser Zeit gerade in England. Er war von 1802 bis 1808 preußischer Gesandter in Rom gewesen und eigentlich doch nicht so unbekannt. Unser Gewährsmann Dieffenbach schreibt: „Während ihr Gatte damals sich in England aufhielt, lebte sie auf dem klassischen Boden zu Rom - eine feine Kennerin und Liebhaberin der Kunst." Bei ihr wurde Fohr von zwei Preußischen Malern eingeführt. Sie besuchte ihn sogar in seinem Atelier, „um sich von der Kraft seines Pinsels näher zu überzeugen": Dies schrieb Dieffenbach.

Du weißt, liebe Barbara, dass ich weit über die Jahre hinaus bin, in denen man noch ein gestandenes Mannsbild ist. Ich bin weder prüde noch mag ich Zoten. Aber, wenn auch dem Reinen alles rein sein soll und auf dem Hosenbandorden steht: "Honi soit qui mal y pense", so muss ich doch sagen, dass ich, was die Kraft des Pinsels betrifft, doch eine etwas andere Formulierung als Dieffenbach gebraucht hätte. Was man auch immer denken soll oder nicht, Frau von Humboldt schickte am Tag nach ihrem Besuch bei Fohr, den Bildhauer von Rauch zu ihm, um ein Gemälde zu bestellen und ihm 800 Gulden „einzuhändigen"!

Welchen Wert nun all das Geld, das Fohr jetzt besaß, hatte, ist schwer einzuschätzen. Jedenfalls war es so viel, dass er seine Heimreisepläne abrupt änderte und nicht im Frühjahr 1818 nach Darmstadt zurückkehren, was er seinen Eltern noch am 2. Mai schrieb, sondern noch das südliche Italien und Sizilien bereisen wollte. In Florenz wollte er sogar einige Monate bleiben, dann sollte seine Reise nach Neapel, Salerno,

Pästum, Ischia, Capri und schließlich Sizilien gehen. Mit diesen Plänen ging er dann im Tiber baden. Wörtlich.

Nun soll doch in deiner Arbeit der Tod von Carl Philipp Fohr geklärt oder zumindest erklärbar werden. Stimmt das? Damit gehen aber alle Deutungsversuche, alle Ungereimtheit, richtig los. Wann ist Fohr denn ertrunken? Eine offizielle Version, die sich „Carl Philipp Fohr - Biographie" nennt, gezeichnet mit JS, endet: „Am 19. Juni ertrinkt Carl Philipp Fohr im Tiber." Dieffenbach schreibt: „So schrieb er seinen Eltern am 26ten Juny 1818, und drei Tage darauf war er nicht mehr unter den Lebenden. Es war an demselben Tage, wo das St. Petersfest zu Rom feierlich begangen wurde, da Fohr mit dreien seiner Landsleute, dem Kupferstecher Bart aus Hildburghausen, dem Kupferstecher Amsler aus Zürich und dem Maler Rambo aus Köln am Rhein - ausging, um sich nach der Hitze des Tages in der Tiber zu baden." Das Petersfest, nämlich St. Peter und Paul, am 29. Juni jeden Jahres, wird in ganz frommen Gegenden heute noch gefeiert und man weiht an diesem Tag neue Priester. Zehn Tage Differenz bei der Angabe zum Tod eines so bekannten Mannes? Hat lediglich der immer wieder als Ausrede gebrauchte Druckfehlerteufel aus einer 1 eine 2 gemacht? 19. statt 29. Juni? Lassen wir das als Merkwürdigkeit einmal so stehen.

Nun hat man aber Fohrs Leiche aus dem Tiber gezogen und in die Stadt gebracht und sofort, noch am gleichen Tag, mit allem möglichem Pomp, oder vielleicht doch nur aller möglichen Anteilnahme, immerhin aber mit ranghohen, öffentlichen Vertretern, an der Cestiuspyramide begraben. Ist das die Römische Art? Mit einem Papst, Johannes Paul I., hat man auch so eine Geschwindheit an den Tag gelegt. Keine Obduktion, nur schnell weg damit! Beim klarsten Unfall und bei der bekanntesten Krankheit, muss heute eine Obduktion erfolgen, wenn auch nur irgendjemand den geringsten Zweifel am Todeshergang hegt. Dass man 1818 überhaupt noch nicht obduzieren konnte? Wohl kaum. Selbst wenn an der Päpstlichen Universität, bis zum Ende des 19. Jahrhunderts, die Anatomie nur an geschlechtslosen Gliederpuppe gelehrt werden durfte. Immerhin ist belegt, dass am 26. Oktober 1830 August Goethe, Goethes Sohn, der am Tag zuvor von einem Ausritt nach Albano, fiebernd zurückkehrte, starb und, bevor man auch ihn an der Cestiuspyramide begrub, obduziert wurde. Eine geplatzte Ader im Hirn und eine geschwollene Leber - wahrscheinlich durch eine Sepsis, eine Blutvergiftung bedingt, waren die Ursachen seines Todes. Nun denn, Fohr ist doch ertrunken. Weiß man ja. Aber, hat man ihm vorher Gift gegeben, um ihn beim Baden leichtsinnig oder betäubt zu machen? Man weiß es nicht, womit die Spekulation weiter blühen kann.

Ein Grab an der Cestiuspyramide, auf dem protestantischen Friedhof, muss ja aus unserer Sicht, damals romantisch gewesen sein, auch wenn heute der Römische Verkehr dort vorbei braust. Aber, war das wirklich so? Die fremden Protestanten mussten sich ja dort begraben lassen. Geheiligte, katholische Erde, hat man ihnen verweigert, in christlicher Nächstenliebe. Der Pöbel, unaufgeklärt, arm, stumpf, dumm gehalten und verhetzt, nach der Inquisition der zweite schmutzige Arm unserer heiligen Mutter Kirche, hat diesen Friedhof oft genug geschändet - wie dies heute mit Judenfriedhöfen geschieht - so dass man zu Fohrs Zeit in Rom erwog, dass „der Ort mit einer Mauer umgeben und endlich gegen Fanatiker geschützt werden" soll.

Gewiss lag Fohrs Leiche nicht einsam auf dem protestantischen Friedhof. Einsam und nicht einsam, das kann man aber nur aus der Sicht der Lebenden sagen. Nur diese erschauern beim Gang über die Gottes- oder Heidenäcker, deren Romantik aus ein paar Büschen, Pinien und Zypressen und einer Reihe von Namen bekannter Künstler oder sonstiger Standespersonen kommt. Das ist die Romantik, die heute noch in den Menschen, den aufgeklärtesten aller Zeiten, steckt. Und wie war es in der Zeit der Romantik selbst? Die, die man heute Romantiker nennt, in Rom, sie kamen aus dem Norden. Viele, mit wenigen Ausnahmen wie Josef Anton Koch, waren Protestanten. Oft aber erlagen sie dann dem heiligen Theater, das die Jesuiten in aller Welt zur Restauration, nicht Reformation, des katholischen Glaubens, zu inszenieren begannen.

Johann Joachim Winkelmann, einer der großen Wiederentdecker der Antike, der die „Geschichte der Kunst des Alterthums" schrieb, der, nach Neapel, Pompeji, Paestum und Herculaneum reiste, um schließlich die „reinsten Quellen der Kunst" in der griechischen Antike zu entdecken, von dem die „edle Einfalt und stille Größe" stammt, studierte evangelische Theologie, Hebräisch, Griechisch, Philologie, Geschichte, Recht und Naturwissenschaften. Doch was tat er? Er konvertierte mit 47 Jahren, noch in Sachsen, zum Katholizismus, was ihm allerdings ein hoher Geistlicher bei Hofe, nahegelegt hatte, der eventuell späteren Karriere wegen. Ich will das nicht als einen geistigen Abstieg bezeichnen, das liegt mir fern und das ist es wohl in keinem Fall. Es kann, bei Winkelmann, nicht nur die Spekulation auf die Posten als Bibliothekar und Kustos von Antikengalerien verschiedener Kardinäle gewesen sein, die er erst dann, als er in Rom war erhielt, nicht seine Aufsicht über die Altertümer in und um Rom. Es war wohl auch die Sehnsucht nach der geistigen Knute, der Mystik, dem Unerklärlichen, was ihn und noch viele der römischen Künstler zu diesem Schritt veranlasste.

Auch zu Fohrs Zeiten gab es einige Konvertiten, gerade unter den Nazarenern. Niebuhr, der preußische Gesandte, beklagte die „Spannungen zwischen den protestantischen Künstlern einerseits und den katholischen und konvertierten andererseits auf dem so heiß umkämpften Boden." Fohr blieb Protestant, der er von Geburt war. Man hätte ihn sonst ja nicht bei der Cestiuspyramide, wo sein Grab eine kleine Tafel mit seinem Namen trägt, beerdigt.

Nun könnte die Eile mit Fohrs Beerdigung, von der Sommerhitze in Rom, die dem Zustand einer drei Tage alten Wasserleiche sicher nicht zuträglich ist, einmal abgesehen, auch den Sinn gehabt haben, das corpus delicti so rasch wie möglich unter die Erde zu bringen. Ich kann nur an Johannes Paul I erinnern. Aber wer könnte ein Interesse an seinem Tod gehabt haben und wer hätte ihm direkt nach dem Leben trachten können? Es wären ja zunächst die drei Freunde, die mit ihm zum Tiber gingen, verdächtig. Wirklich verdächtig, inkriminiert, scheint aber absurd. Einer, der einzige, der schwimmen kann und sich bei seinem Rettungsversuch Fohrs selbst in höchste Gefahr bringt, scheidet wohl aus. Berufsneid als Triebfeder eines Komplotts der drei Badegenossen wohl ebenfalls. Bart und Amsler waren beide Kupferstecher, nur Rambo aus Köln, von dem man vorher und nachher eigentlich nichts gehört hat, war Maler.

Die nicht unmittelbar am Ereignis am Tiber beteiligten, diejenigen, die im Café Greco oder zu Hause in ihren Werkstätten saßen, waren untereinander und mit Fohr, eine Gemeinschaft, wenigstens wie man es lesen kann, die einander eher half und den sonst unter Künstlern gängigen Brotneid und Hass, nicht zu kennen schien. Sie waren entweder so in Rom etabliert, dass sie dort von ihrer Kunst leben konnten, oder hatten Posten als Kustoden und Sekretäre oder sie hatten, wenigstens für einige Zeit, Stipendien oder Aufträge ihrer Landesherren, wie dies bei Fohr der Fall war. Das steht zwar im Gegensatz zur Meinung Niebuhrs, der von einem heiß umkämpften Boden spricht. Aber dass der Neid einen Kollegen auf diese Art umbringt, was hieße, ihn sich selbst umbringen lässt, ist auch absurd.

Von Nichtkünstlern, die mit Fohr in Kontakt kamen, kennen wir einen Herrn Lerch aus Darmstadt, der ihn bei seiner Ankunft in Rom empfing. Darüber hinaus habe ich nichts mehr von ihm gehört. Über Herrn Passavant habe ich schon berichtet, wobei mir auffällt, dass er von Dieffenbach einmal als der Kunstfreund aus Frankfurt, der Fohr nicht lange vor seinem, Fohrs, Tod einen größeren Auftrag gab, ein andermal als Herr Passavant, der Maler, bezeichnet wird. Waren es zwei Passavants? Das wäre ja in Rom ein merkwürdiger Zufall. Zwei Meier oder Müller, von denen es sowieso schon einen, den Friedrich, den „Maler Müller" aus Kreuznach, gab, hätte ich mir gefallen lassen. Vielleicht waren es aber doch zwei Passavants, denn welcher Maler bestellt sich ein Bild von Tivoli für relativ viel Geld bei einem andern, der zwar unter den Künstlern nicht unbekannt, aber doch keine allgemeine Größe, etwa als Geldanlage, war? Erst nachdem ich dies geschrieben und überlegt und fast als Teil einer Camorra ansah, die es mit größter Wahrscheinlichkeit nicht gab, bin ich im Tagebuch Harniers, über den ich noch berichte, darauf gestoßen: „11. März [1817]: Da kamen die beiden Passavants und besahen auch Fohrs Bild." Na also, auch erledigt.

Aber eine Sache, einen Fall, kann ich nicht so recht erklären. Das ist die Sache mit Ludwig Sigismund Ruhl. Da sind zwei Künstlerfreunde, die sich in München kennen lernten, von denen der eine, Ruhl, den andern in eine neue Maltechnik, die Ölmalerei, einführte, die zusammen an Buchillustrationen arbeiteten und die dann, einige Monate später, in Rom zusammen wohnten. Und plötzlich ein Duell zwischen den beiden! Ob dieses Duell tatsächlich oder fast stattgefunden hat, ist ja nicht so klar. Der Biograph JS schreibt, dass sich beide trotz eines Schlichtungsversuchs Overbecks duellierten. Mit Säbeln, Pistolen, Kanonen oder was sonst, schreibt er nicht. Nach Dieffenbach hingegen hatte sich Fohr nicht nur „von seinem bisherigen Freunde Ludwig Ruhl" getrennt, sondern sich so sehr mit ihm entzweit, dass beide willens gewesen waren, auf Leben und Tod einen Zweikampf zu wagen, und nur durch das Zureden und den Einfluss bedeutender Männer vermocht wurden, von dem thörichten Vorhaben abzulassen". Also haben sie sich vielleicht doch nicht de facto duelliert, aber möglicherweise de jure.

Warum können sich zwei junge Künstler duellieren? Brotneid? Dann hätte der eine dem andern etwas wegnehmen müssen, etwa einen Auftrag, den er selbst gern gehabt und ausgeführt hätte. Aber beide dürften etwa die gleiche Bedeutung in der Künstlerkolonie gehabt haben und ausgesprochen reich, dem andern gegenüber, war keiner. Außerdem scheint bei den Deutschrömern das Gemeinsamkeitsgefühl stärker als der Konkurrenzneid gewesen zu sein, was zwar einmalig und seltsam anmutet, aber doch so war.

Hier muss ich also doch von dem Maler Wilhelm von Harnier berichten, der sich vom 28. Januar bis zum 9. April in Rom aufhält und Fohrs Hausgenosse wird. Er führt über diese Zeit ein sehr detailliertes Tagebuch. Er schreibt, dass am 14. Februar aus unbekanntem Grund ein Streit zwischen Fohr und Ruhl ausbrach, der später eskalierte. Man kann sich jedoch nur an den Kopf fassen, wenn man hört, was Harnier dann als Grund des Duells, zu dem es tatsächlich am 24. März kam, angibt: „Fohr nahm heute öffentlich hier dem Ruhl den Grimsel weg. Er sagte mir er habe Ruhl den Hund gegeben unter der Bedingung, dass sie ihn gemeinschaftlich gebrauchen sollten. Da aber dies nun nicht mehr möglich sey, so nehme er sein Eigenthum wieder. - Ruhl sagte mir, dass Fohr sein Wort somit gebrochen habe indem er ihm den geschenkten Hund nähme. Er will ihm einen Prozess machen lassen." Jetzt duellierten sie sich also. „Es ist ausgemacht auf Pistolen. Aber Fohr steckte noch einen scharfen Hirschfänger zu sich. Jetzt las er noch einige Gebete, zeigte mir stumm den früheren Brief von Ruhl's Mutter, worin sie ihn bat, immer

Freund ihres Sohnes zu bleiben, und er hatte 's versprochen." Soweit wieder Harnier.

Das Duell, das draußen bei der Paulskirche stattfand, muss etwas eigenartig gewesen sein. Beide gingen vorher nochmals in die Kirche, dann stellten sie sich mit gespannten Pistolen gegeneinander, aber keiner wollte schießen. Sie schossen erst, als die Sekundanten in sie drangen, und daneben. Sie hätten sich jetzt versöhnen sollen, was Ruhl ablehnte. Als sie, jeder in einem Wagen nach Hause fuhren, „fuhr Ruhls Wagen an den anderen an, und diese luden sie alle zum Eßen auf dem Hermelin ein. Dort tranken sie Brüderschaft, waren lustig und wohlgemut. Auch Fohr und Ruhl stießen zusammen an". Dies schreibt Harnier ohne weiteren Kommentar. Was aber sollen wir dazu sagen? Eine ernste Farce?

Liebe Barbara, ich mag Hunde und Katzen und möchte keinem der Tiere irgendein Leid antun. Aber, dass ich mich wegen eines Hundes, der später gar keine Rolle mehr spielt - er blieb bei Fohr - duelliere, das ginge mir zu weit. Fohr soll ja, besonders bei politischen Auseinandersetzungen sehr heftig gewesen sein. Auch kommt es mir äußerst merkwürdig vor, dass Fohr Hundeduelle veranstaltete. Die Teutsche Version von Stier- und Hahnenkampf? Eigenartig bis pervers möchte ich da sagen. Aber wenn man Hunde in ein Duell hetzt, müssen das auch die Menschen tun? War der arme Hund vielleicht nur ein Vorwand? Gab es ein anderes Motiv für ein Duell? Eifersucht? Möglich. Sie hätten auf einander eifersüchtig sein können, vielleicht Ruhl mehr auf Fohr als umgekehrt, was ihre Stellung innerhalb der Künstlergemeinschaft betrifft. Da ist es schon möglich, dass gerade Fohr von allen andern insofern bevorzugt wurde, als man ihm den Auftrag gab, die ganze Gesellschaft zu malen, so wie sich die dänischen Künstler von einem der ihren, am Stammtisch sitzend porträtieren ließen. Fohr erhielt zum Beispiel von Herrn Passavant das gleiche Honorar für ein Bild wie der ganz berühmte Josef Anton Koch. Ruhl, der schon länger in Rom war, in München Fohr erst in die Ölmalerei eingeführt hatte, also diesem, wenigstens in einigen Dingen überlegen schien, hätte sich von den anderen - wenn man damals den Begriff schon gekannt hätte - gemobbt fühlen können. Dass das Mobbingopfer den, der die Ursache zum Mobbing war hasste, wäre verständlich gewesen. Aber, das hätte man herausbekommen. Jeder hätten den andern Künstlern, dem Mob in diesem Fall, voll Erheiterung oder voll Wut, je nachdem wer es war, den Grund zu dieser Tat nennen können. Nichts war aber bekannt.

Eifersucht unter zwei Männern? Das wäre ein plausibler Grund, wenn auch nicht immer ein lohnender. Doch hier ist etwas merkwürdig. Nirgends finde ich auch nur eine Andeutung über ein Liebesleben dieser Künstler. Hatten sie denn keines? Die Nazarener wohnten zum Teil in einem Kloster, sie malten fromme Bilder. Der Mönch war eine bevorzugte Staffage in der Landschaft, wenn man nicht gleich ganze Klausen und Klöster zum Gegenstand der Kunst hatte. Wenn man auszog in die Campagna oder die Berge um Tivoli, wie auf einer offensichtlich getuschten Zeichnung im Kupferstichkabinett in Dresden zu sehen, dann waren dies: „H. Hübsch, C. Ph. Fohr und eine Künstlergesellschaft bei einem Bankett im Freien". Elf Männer, davon zwei mit Barett, zwei mit Mütze und sieben mit Zylinder und schließlich noch ein Hund, eine Dogge. Nicht ein liebliches Mädchen, geschweige die rassige Tänzerin mit dem Tamburin! Nun gut, es gibt heute Vatertage, an Christi Himmelfahrt, mit viel Bier und lautem Gesang. Aber, die haben doch Weib und Kind zu Haus, von denen sie, wenigstens ein Mal im Jahr, für ein paar Stunden fliehen möchten. Wen hatten unsere Künstler zu Hause? Vielleicht noch einen Hund? Wohl kaum; den hatte man ständig dabei!

Da kann ich nur Herrn Goethe, den Johann Wolfgang loben, der sich, kaum vom Busen oder aus den Armen von Frau vom Stein gerissen, zumindest in schwärmerischen Worten, den feurigen Italienerinnen zuwandte. Da weiß man was man hat, selbst wenn man nur fragen kann, was sowohl Frau vom Stein als auch die Italienerinnen angeht: Hat er nun oder hat er nun nicht? Wegen welcher aber hätten beide, Fohr und Ruhl, auf einander eifersüchtig sein können? Ich finde da keine schwarzen Augen, nichts. Jedoch ist einiges merkwürdig: Fohr hielt, wie Herr Rat Dieffenbach schreibt auf sein „Äußeres früher so wenig, dass ihm deswegen von seinen Freunden der Vorwurf gemacht wurde, er vernachlässige sich ganz. Wie er der Kunst seinen Körper hintansetzte, davon haben wir in seinem Leben einige Beweise angeführt". Soweit so gut. Dieffenbach schreibt dann weiter: „Auch das ist nicht unerwähnt geblieben, dass er seit seiner Bekanntschaft mit Ruhl in seinem Anzuge sich sehr änderte, so dass sogar seine Eltern sich zuweilen beklagten, er brauche für Kleider mehr, als sich für ihn zieme und als seine damalige Einnahme es erlaube". Wollte Fohr seinem Freund Ruhl imponieren oder wollte er es ihm wenigstens gleichtun, wobei ich nichts über

Habitus und Leben Ruhls weiß? Wollte Fohr seinem Freund Ludwig Sigismund gefallen?

Wilhelm von Harnier hat dazu nichts geschrieben, aber er hat beide, Fohr und Ruhl gezeichnet. Fohr ein altdeutsch gekleideter, streng blickender Mann mit Barett, Ruhl, der Grimsel an der Leine führt, ebenso gekleidet, aber mit hohem Hut unter dem hinten das lange Haar hervor quillt. Er wirkt wie ein schönes junges Mädchen, das seinen Hund Gassi führt.

Ich muss es, liebe Barbara, leider im heutigen Jargon ausdrücken, der, wie meine Meinung zur Kunst und wie Du ja weißt nicht wertend ist. Meine Frage ist: Waren Fohr und Ruhl, oder einer von ihnen, schwul? Es ist in den Aufzeichnungen Dieffenbachs, denen Harniers und in Fohrs anderen Biographien kein direkter Hinweis darauf zu finden. Aber im Jahre 1817, im November, offensichtlich nach dem Zeitpunkt des Duells, schreibt Fohr an seine Eltern (hier muss ich wieder Dieffenbach zitieren): „Viele und traurige Ursachen hatte ich dazu, Euch so lange nicht zu schreiben". Dann fährt Dieffenbach auch noch fort: „Genug, er nennt Ruhl von der Zeit an nicht mehr, und wir wissen, dass das schon einige Zeit vorher locker gewordene Band zwischen ihnen für immer zerriss. Ein Weiteres über diese damaligen Vorfälle möchte hierher nicht gehören".

Was soll man dazu sagen, wie soll man solche Sätze interpretieren? Hat es überhaupt damit etwas zu tun, dass Fohr acht Monate später tot war? Gewiss, es hätte ein Motiv dafür sein können, dass sich Fohr, wenn er es getan hätte, worauf ich noch kommen muss, selbst umgebracht hätte. Aber warum überhaupt diese Geheimniskrämerei um dieses Duell und dessen etwas eigenartige Ursache? Es muss ja etwas anderes gewesen sein, als diese studentischen Duelle unter Corpsbrüdern, die jeden Grund suchten, um sich durch Beleidigungen fordern zu können und, um ohne sich in Gefahr für Leib und Leben zu begeben, ihrer Visage durch ein paar Schmisse ein akademisches Aussehen zu verleihen. Ein solches Duell hätte sicher keine dauernde Feindschaft bedeutet und es wäre darüber gesprochen worden. Ein solches Duell war eine Ehre, keine Schande.

Vielleicht hatte der eine, Fohr oder Ruhl, die innige Neigung zum andern oder des andern erst spät erkannt und war dann entsetzt, einmal über das Ansinnen oder die Abweisung durch den andern, so dass ein Gefühl des Hasses aufkam? Es ist dabei unerheblich, wer der eine und wer der andere war, von wem die ja nur fragliche und hier einmal wertfrei unterstellte, andere Neigung ausging. Aber trotzdem: Warum diese Geheimnistuerei um das Duell. Wäre das im damaligen Rom, wie heute, etwas Besonderes gewesen? Nur ein wenig früher, zu Zeiten Casanovas, war „Giovannino di Borghese", wie die Römer ihn nannten, ein Kastrat, der in Primadonnenrollen in Opern glänzte, der Lustknabe des Kardinals Borghese. Aber nicht nur das Volk, der populus romanus, wusste davon, nein, auch der Papst. Und weder damals noch später war Borghese der einzige Kardinal oder hohe Würdenträger, der das Zölibat auf diese Weise umging.

Ja was soll oder sollte die Aufregung, wegen eines allenfalls möglichen Verhältnisses oder nicht, zweier romantischer Künstler, die der Antike nachschwärmten? Waren in der

Antike nicht Lustknaben, Päderastie, Männerfreundschaften, die Auszeichnung des gehobenen Standes des Volkes? Nur Sklaven, die ja nicht zum Volk zählten, konnten sich diese feine Lebensart nicht leisten.

Ginge es nicht um den Tod Fohrs, dann sollte man nicht weiter diskutieren und spekulieren. Aber immerhin wäre es möglich, wobei möglich in der Wissenschaft noch nicht wahrscheinlich heißt, dass eine seelische Belastung Fohrs diesen in die Verzweiflung oder gar in den Tod getrieben hätte. Dass er, offensichtlich im Zusammenhang mit Ruhl „viele und traurige Ursachen hatte .....Euch (den Eltern) so lange nicht zu schreiben", habe ich schon erwähnt. Er hatte aber auch aus Rom geschrieben, wie Dieffenbach anführt „Wann werd' ich endlich unsern lieben Gott versöhnen, dass er mir ein sanfteres Gemüte schenke, das besonders gegen Euch, meine größten Wohlthäter, nicht aus den Schranken tritt. Ihr habt mir verziehen, aber unser Vater im Himmel kann mir dies nie." Dieffenbach hat diese Worte als „voll von Vorwürfen gegen sich selbst, darum auch der eines gefühlvollen Menschen so würdige Ausruf" bezeichnet. Was konnte ihm Gott nie verzeihen? Was war würdig an diesem Ausruf eines gefühlvollen Menschen? Können oder müssen unsere heutigen Augen darin nur einen Ausbruch romantischer, pietistischer Schwärmerei sehen? Es ist wohl nicht zu beantworten. Zu geheimnisvoll und zu unpräzise sind die Andeutungen und Vermutungen.

Nun muss ich noch einmal sagen, Barbara, dass ich alles, was Du jetzt liest, natürlich nicht in einem Sitz, das heißt von Anfang bis Ende, heruntergeschrieben habe. Ich habe mich eben, sobald ich dazu kam, an den Computer gesetzt und weiter gemacht. Und da bin ich doch zwischendurch auf den Aufsatz eines Herrn Wolfgang Glüber in einem Katalog über die Werke C. P. Fohrs gestoßen. Der Aufsatz heißt: „Carl Philipp Fohr und Ludwig Sigismund Ruhl. Anmerkungen zu einer Künstlerfreundschaft". Darin schreibt Herr Glüber, unter Hinweis auf einen Brief Issels, den ich nicht kannte, dass Fohr homosexuelle Neigungen hatte. Ein Herr Follen (Follenius) habe damals „den warmen Fohr" in die Mysterien der Burschenschaften eingeweiht. Es geht dann über die Präzisierung des „warmen" und, dass Fohr später, kurz bevor er sich mit Ruhl entzweite, innige, vielleicht warme Beziehungen zu anderen jungen Künstlern hatte.

Aber, mir ist das Kreisen um immer den einen Punkt jetzt wirklich zuviel. Ich wollte schon alles, was ich zu dem Thema Fohr, Ruhl und Neigungen geschrieben hatte, wieder löschen, habe es aber gelassen, weil ich schon zu lange daran gesessen bin. Die Künstler, damals, sollen nun gewesen sein wie sie wollten. Sie waren so und für sie war es gut. Vielleicht wäre ich damals ein Außenseiter gewesen; denn, wenn man einmal ein Mädchen, eine schöne Frau im Arm hatte und noch dazu in Italien ist, da hätte ich kein Heiligenbild mehr zu Stande gebracht!

So gern ich nun einen Schlussstrich unter diese Spekulationen ziehen wollte, Barbara, so sehr hindert mich doch dieser Dieffenbach daran, der immer wieder Öl in die gerade noch glimmende Asche; denn von Feuer kann nicht die Rede sein, gießt. Er, Dieffenbach, der die Nachrichten und Umstände von Fohrs Tod „größtentheils aus dem Briefe des

Herrn Hübsch an Herrn Pfarrer Kilian, theils aus einem Schreiben nach Darmstadt geschöpft" hat, schreibt, dass er nicht wüsste wer „zuerst die Vermutung aufgestellt, Fohr habe sich vielleicht absichtlich geopfert“. Was heißt hier aber geopfert? Man opfert sich doch entweder für einen anderen oder allenfalls als Sühne für ein Unrecht, oder, was noch verrückter und grausamer ist: Man wird geopfert, wie es zu Abrahams, Iphigenies und Jesu Zeiten und zu allen Zeiten wahnsinniger, selbstsüchtiger Monarchen, in jedem Krieg, der Fall war, bis man nicht nur für die Krone, sondern sogar für Führer, Volk und Vaterland sich opfern musste oder statt des Opfers standrechtlich erschossen wurde. Verdammtes, blödes Opfer! Aber, habe ich am Ende Unrecht? Will das Volk, der Mensch, das Opfer, in einer masochistischen Anwandlung oder einer angeborenen Opfer- und Todessehnsucht?

War diese Sehnsucht bei Fohr schon bekannt? Vielleicht. Doch halte ich es für an den Haaren herbeigezogen, wenn nun Dieffenbach zum Zeitpunkt des Todes Fohrs schreibt: „Zu Hause lag - wie bedeutungsvoll! - eine unvollendete Zeichnung, eine Scene vorstellend, da Hagen von den Donau-Nixen ins Wasser gelockt wird". Man kann so eine Beziehung zu allem herstellen. Denn da argumentiert unser Dieffenbach noch, dass er, Fohr, „allerdings damals zuweilen schwermüthige Gedanken gehabt" auch früher schon einen „Zug von Schwermuth" gehabt hätte. Aber er, Dieffenbach, hält es für unmöglich, dass sich jemand selbst umbringt, gerade im Moment oder zur Zeit der günstigsten wirtschaftlichen Verhältnisse, in denen er die Stütze seiner Eltern hätte sein können, mit Plänen für eine Süditalienreise, und sich noch dazu ertränkt, wo er doch schwimmen konnte und drei Freunde mit ihm am Wasser waren! Na also: Schwimmen können und sich ertränken! Offenbar ist Herrn Dieffenbach aber entgangen, dass „das ins Wasser gehen" zur damaligen Zeit und bis ins letzte Jahrhundert, eine beliebte Methode war, um der Welt adieu zu sagen oder zumindest die Verwandtschaft oder die Freunde, mit dem Versuch dazu, zu erschrecken.

Es geht also hier darum, die Argumentation um einen Selbstmord Fohrs zu beleuchten, die nicht gerade sehr schlüssig ist. Bis jetzt kann man aber wirklich nichts finden, das man, bei allem Drehen und Wenden, als Stütze dieser These ansehen könnte.

Schließlich liefert Herr Arthur von Schneider zur Einführung und Katalog der „Bildniszeichnungen Deutscher Künstler in Rom (1952) eine neue im Gegensatz zu allen bisherigen Versionen zu Fohrs Tod stehende: „Den Badenden, der des Schwimmens unkundig war, rissen die Fluten des Tibers in die Tiefe, ohne dass eine Rettung seines kostbaren Lebens mehr gelingen konnte." Woher hat er das? Es wird an anderer Stelle noch geschildert, dass Fohr, trotz schwacher Schwimmkünste, mit Bart, der den Fluss schon durchmessen hatte, wetteifern wollte. Auch sei Fohrs „armer Hund Grimsel vier Tage vorher an der selben Stelle beinahe umgekommen, (und) wagte es nicht [bei dem Unglück] Fohr in die Fluten zu folgen". Also, da kann ich meine gewiss erdichtete Version auch für wahr oder zumindest für möglich verkaufen! Außerdem, um mit dem Bayerischen Philosophen Gerhard Polt zu sprechen, enthält der Umstand, dass ein

Nichtschwimmer ertrinkt, eine gewisse Logik. Nur wenn ein Schwimmer ertrinkt wäre es auffällig.

Ich will nun, liebe Barbara, noch einen Punkt, den letzten hoffe ich, anführen, um Fohrs Tod oder ihn zumindest ihn begünstigende Umstände, zu erklären. Es geht um die Person, um die Physis Fohrs selbst. Leider habe ich niemanden als Herrn Dieffenbach, der uns darüber Auskunft geben könnte. Immerhin kannte aber Dieffenbach Fohr doch sehr gut. Nicht nur, dass er Fohr am Darmstädter Hof, bei Erbprinzessin Wilhelmine, einführte, er hat sogar mit ihm eine Schwarzwaldwanderung zum Zeichnen für das „Badische Skizzenbuch" unternommen, muss mit ihm also länger beisammen gewesen sein. Er schreibt: „Fohr war von Körper schmal und ging etwas gebückt. Seine Brust war nicht gewölbt genug; daher kam er bald außer Atem und hustete oft, was seinen Freunden zuweilen Besorgnis erregte". Das ist die fast klassische Beschreibung eines Schwindsüchtigen der damaligen Zeit. Die Anamnese, die Vorgeschichte, wird noch deutlicher insofern, als er, der Konstitution wegen, vom Militärdienst befreit wurde, er aber „durch die häufigen Spaziergänge und Reisen, durch öfteren Aufenthalt in freier Luft und durch andere Leibesübungen" sogar Reiten „auf der Universitäts-Reitbahn zu Heidelberg" seinen Körper stärkte. In Rom schien seine Konstitution aber wieder schwächer geworden zu sein, was auf seinen „übergroßen Fleiß" und die „ungesunde Jahreszeit" zurückgeführt wurde. Er war auch tatsächlich von August bis Anfang November 1817 schwer erkrankt. Seine Hausleute, wer das auch immer war, kümmerten sich um ihn. Die Kosten für Medikamente und besondere Lebensmittel hatten ihn in große finanzielle Bedrängnis gebracht.

Erst dachte ich, dass es sich nur um eine Tuberkulose handeln könne, an der Fohr erkrankt war. Aber dann fand ich bei Dieffenbach einen Brief Fohrs an seine Eltern, in welchem es heißt: ..“nachdem ich einst, um mich zu zerstreuen, ins Ballonspiel gieng, musste ich solches bald verlassen, indem es mir vorkam, als wolle ich umfallen. Ich gieng so schnell ich konnte, nach Hause, und hatte kaum mein Zimmer erreicht, als ich unter den heftigsten Fieberanfällen auf mein Bett sank, um dieses nach zwei Monaten erst wieder verlassen zu können."

So beginnt und verläuft keine Tuberkulose. Es gibt nur eine Krankheit, die man mit diesen Symptomen in Einklang bringen könnte, nämlich die Malaria. Diese war doch damals, gerade um Rom, eine endemische Krankheit. Die Sümpfe, nicht nur die Pontinischen, hat jeder gemieden, der nur konnte. Sich hier durch einen Stich der Anopheles, dieser sirrenden Mücke, die Sporozyten der Malaria einzufangen, war gar nichts Ungewöhnliches. Das plötzlich auftretende heftige Fieber, seine Dauer und doch wieder sein Abklingen, sprechen sehr dafür, dass er sich eine Malaria tertiana oder quartana-Infektion geholt hatte. Diese Krankheit klingt ja allmählich wieder ab, kommt aber auch immer wieder, nach Monaten und Jahren, was man bei Fohr eben gar nicht mehr sehen konnte. Er starb vor möglichen Rezidiven, neuen Krankheitschüben.

Bei diesen Überlegungen habe ich auch an den schon erwähnten August Goethe denken müssen. Er starb zehn Tage nach seiner Ankunft in Rom an heftigem Fieber. Für seinen Tod kann man sich ursächlich mehr Krankheiten vorstellen als man es sich für Fohrs Krankheit kann. Und dennoch ist eine Malaria tropica, mit einer nur wenige Tage dauernden Inkubationszeit, zwischen Mückenstich und dem Ausbruch der Krankheit mit dem tödlichen Ausgang, als Ursachen nicht unmöglich. In Italien hat es diese, neben den anderen, häufigeren Malariaarten, auch gegeben. Aber uns reicht ja schon ein nicht geklärter Tod, der Fohrs.

Die Schwindsucht, von der ich schon schrieb, wäre in der damaligen Zeit, absolut nichts Ungewöhnliches gewesen. Ein Tod mit 23 Jahren, an einer Krankheit, die man damals noch nicht Tuberkulose nannte - erst Virchow hat sie viel später so bezeichnet, Robert Koch Ihren Erreger entdeckt - hätte auch niemanden übermäßig erschreckt. Im Mittelalter lag die durchschnittliche Lebenserwartung der Novizen in den Klöstern bei 19 Jahren. Man kann heute nur annehmen, dass sie an der Tuberkulose starben. Ein Frederic Chopin wurde, etwa 25 Jahre nach Fohrs Tod, von seiner Geliebten George Sand, zur Ausheilung seines Lungenleidens, nach Mallorca begleitet. Hat nicht viel geholfen. Ein auf und ab der Gesundheit bis zum endgültigen Zusammenbruch, war und ist bei der Tuberkulose charakteristisch. Natürlich kann man sie heute, wenn man nicht Eingeborener der ärmsten Länder ist, auch ohne in feine Gegenden und in Sanatorien zu reisen, heilen.

Ob Fohr tatsächlich auch noch an der Schwindsucht, die ja nicht immer „galoppierend" sein musste, litt, kann ich nicht sagen. Seine Gesundheit war offenbar schwankend. Zu sehr war aber die damalige Bevölkerung mit dieser Krankheit durchseucht, ohne es allerdings zu wissen. Eines aber scheint mir doch sicher, dass ein von seiner Krankheit gezeichneter, in den letzten Zügen liegender Fohr, nicht wahrscheinlich wohlgemut, an einem heißen Nachmittag in Rom, an die Via di Ripetta, am malerischen Tiberhafen gelegen, mit einigen Freunden zur Abkühlung in den Fluss gegangen wäre.

Es spricht auch wenig dafür, dass Fohr an einer Depression litt, die ihn veranlasste sich selbst zu ertränken. Gewiss gibt es bei dieser Krankheit, die man früher als manisch depressives Irresein bezeichnete, gerade in der scheinbaren Aufhellung der Psychose, wie man das jetzt nennt, Phasen, in denen der Patient sagt: Jetzt ist alles egal, also auf denn! Gut, das kann ein kurzer, für die Umwelt kaum bemerkbarer Moment sein. Aber haben wir Anzeichen für eine wirkliche Psychose bei Fohr? Die Sache mit Ruhl: einfühlbar und normal und von uns schon durchgehechelt. Die Feststellung eines schwermütigen Wesens? Gut, aber sind schwermütige Gedanken, damals, die uns heute wieder romantisch, fast spintisierend vorkommen, die tatsächlichen Symptome einer Geisteskrankheit, einer Psychose? Sicher nicht. Da geht es mir also wie den Zeugen, die mit dem zeitlichen Abstand von einem Geschehen immer Genaueres wissen und ich beginne immer mehr Krankheiten in Erwägung zu ziehen, je unwahrscheinlicher sie aufgrund der Symptome sind.

Überhaupt, vielleicht etwas ketzerisch, könnte man fragen: Was ist so ungewöhnlich, wenn ein 23jähriger Mann im Sommer, beim Baden, ertrinkt? Wenn ein 70jähriger im Tiber ertrunken wäre, hätte man wahrscheinlich gesagt, was muss der alte Esel auch noch ins Wasser! Es ist doch bis heute noch das Privileg und fast die Sucht von jungen Menschen und Kindern, besonders Kindern wohlgemerkt, dass sie im Sommer zum Baden gehen. Dass es dann auch die jungen Tedeschi, die deutschen Künstler taten, ist für diese nichts Ungewöhnliches. Auch die Römer selber haben zur damaligen Zeit im Tiber gebadet, weil man lesen kann, dass die Polizei die Badenden an bestimmten Stellen sehr zur Vorsicht ermahnen musste. Ertrinken war also so ungewöhnlich nicht. Shelley, Percy Bysshe Shelley, John Keats' Freund, beide romantische Dichter, die in Rom lebten, ertrank mit 30 Jahren, 1822, vor Livorno beim Segeln.

Jung sterben war überhaupt nichts Ungewöhnliches zur damaligen Zeit. John Keats war mit 26 Jahren, drei Jahre nach Fohrs Tod, 1821 in Rom, im Haus an der Spanischen Treppe, an seinem Lungenleiden gestorben, das er eigentlich in Rom, im milden Klima, auskurieren wollte. Im gleichen Jahr wie Keats ist der Maler Achille-Etna Michallon, der die Landschaft Latiums und Siziliens in wechselndes Licht tauchte, der in der Villa Medici arbeitete, mit 26 Jahren verstorben. Schon früher, 1759, starb der Maler Jonathan Shelton mit 24 Jahren in Italien. Also ungewöhnlich war ein früher Tod nicht. Auch nicht bei Künstlern. Von diesen wissen wir nur heute das Alter, in dem sie diese Welt verlassen mussten. Die unzähligen namenlosen jungen Frauen und Männer, die Not und Elend irresistent gegen jede Art Krankheit gemacht hatten, starben eben auch, heute längst vergessen.

Was bleibt uns also, liebe Barbara: Als erstes, dass Du Dir viele Gedanken um das künstlerische Schaffen Fohrs machst. Versuche an Zeichnungen, Aquarellen, Ölbildern, so viel zu sehen wie nur möglich. Vergleiche sie mit denen seiner Zeitgenossen und schreibe klug und nicht ganz verständlich, also sophisticated, darüber. Was hätte dieser begabte Carl Philipp Fohr, der im Alter von nur 23 Jahren starb, noch alles für große Werke schaffen können. Was hätte uns ein Schubert Franzl, ein Mozart Wolferl, noch für göttliche Musik gemacht. Aber diese haben sie nicht und Fohr auch nicht. Denn obwohl ich ihm mittlerweile und, weil ich ja seine wunderschönen Bilder kenne, sehr verbunden bin, fürchte ich, dass wir vielleicht einige Heiligenlegendendarstellungen, Historiengemälde und einen Konvertiten mehr hätten, wenn er uns nicht in seinen jungen Jahren hätte verlassen müssen. Das darfst Du aber nicht schreiben, das denke nur ich mir.

Ich denke mir auch noch das: Carl Philipp Fohr, der damals 23 Jahre alt war, ist am 29. Juli 1818, an einem sehr warmen Junitag, mit drei Freunden zum Tiber in Rom gegangen, um sich dort im Wasser Kühlung zu verschaffen. Er war innerlich erhitzt als er ins Wasser stieg, ist ausgeglitten, stürzte mit dem ganzen Körper, rücklings ins kalte Tiberwasser und bekam durch die plötzliche, massive Kälteeinwirkung auf die Haut, eine vagale Reaktion. Dies bedeutet, ins nicht Medizinisch-physiologische übersetzt, einen plötzlichen starken Reiz des Eingeweidenerven, der, weil er im Körper herum vagabundiert und deshalb Vagus heißt, auf die von ihm mit gesteuerten Organe sofort einwirkt. Dies hat zur Folge, wie jeder aus eigener Erfahrung weiß, - es gibt auch andere Möglichkeiten diesen Vagusnerven zu reizen, wie etwa durch Erschrecken - dass einem „plötzlich der Atem stockt, das Herz stehen bleibt und die Sinne schwinden". Gewiss, das hat jeder schon erlebt; nur, dass dies einen sehr kurzen Moment dauert, man sich sofort wieder fängt, das Herz weiter schlägt, der Atem mit einem tiefen Seufzer wieder einsetzt und man vor allem nicht im Wasser liegt. Wenn man aber in diesem Moment, wie es wahrscheinlich Fohr erging, „Wasser schluckt“, was Wasser einatmen bedeutet, nochmals den Vagusnerven reizt, das Bewusstsein auch nur für einen Augenblick verliert, kann man, auch wenn man schwimmen kann, wieder Wasser schlucken, also einatmen, so dass das Bewusstsein endgültig dahin ist. So ging es, wie ich denke und wie es ohne eine besondere Konstruktion möglich und plausibel ist, dem armen Carl Philipp Fohr, der, obwohl er schwimmen konnte, trotz des Rettungsversuches eines Freundes, in Rom, im Tiber ertrunken ist.

Leporello oder die Mitwirkung an der Schuld der Herrschenden.

Da stand ich also vor dem Fernsehbildschirm. Breitwand oder wie sich das nennt. Soll ja teuer sein, so ein Ding, so ein Breitwand-Flachbild-Fernseher. Aber wer es sich nicht leisten kann, das Ding, braucht es ja auch nicht. Der kann auch mit einem kleinen Guckkasten zufrieden sein. Nur so im Vorbeigehen habe ich hineingeschaut. Ach ja, Don Giovanni aus Zürich. Hab ich schon einmal gesehen, auch im Fernsehen, damals in 3-Sat am 3. Juni 2006. Weiß ich noch genau. An das Datum erinnere ich mich aus einem besonderen Grund. Gehört ja nicht hierher, oder doch?

> Es war eine hervorragende Aufführung, besonders Leporello, László Polgár! Weiter Cecilia Bartoli (Elvira), Matti Salminen (Komtur), Rodney Gilfry (Don Giovanni) und noch andere bedeutende und berühmte Sänger. Die musikalische Leitung hatte Nikolaus von Harnoncourt. Musik von Wolfgang Amadeus Mozart, vom wem sonst. War ja auch im Mozartjahr 2006. Textbuch Lorenzo da Ponte; also.

Da ist mir auch eingefallen, dass ich diese Aufführung selbst, dort in Zürich hätte ansehen können. Aber irgendwie dachte ich doch: Er ist ein Scheißkerl, dieser Leporello. Und warum? Ja, eben deshalb, kommt noch.

Da hatte Gustav angerufen, er habe Karten für den Don Giovanni in Zürich. Ich war nahezu sprachlos:

„Woher hast Du die Karten? Und warum rufst du mich deshalb an?“

„Weil Du mit Deiner Frau mitkommen sollst. Ihr seid eingeladen.“

„Von wem?“

„Von mir und vielleicht noch von einigen anderen Leuten, die wir dort treffen“

„Von welchen Leuten?“

„Leute eben. Du wirst sehen, wenn Du kommst.“

„Ich bin aber nicht scharf auf solche Einladungen, auch wenn ich den Don Giovanni berauschend finde“ sagte ich nach einigem Zögern. „Wenn nur Du uns eingeladen hättest, wäre es vielleicht gegangen. Da muss ich nicht einmal meine Frau fragen, weil ich weiß wie sie denkt. Aber warum nimmst Du nicht deine Töchter mit ihren Männern mit? Und noch dazu, wenn Du selbst und allein einlädst, müsstest Du ja alles selbst bezahlen und das geht vielleicht über Dein Taschengeld hinaus. Oder Du musst das Erbe Deiner Töchter kleiner machen und dann könntest Du gleich mit ihnen ins Theater gehen.“

„Halte mir keine Moralpredigt“ meinte Gustav „ich habe eben Vip-Karten bekommen und die müssen abgesessen werden. Und meine beiden Töchter, die einmal süß und klein waren und, die jetzt diese grässlichen Männer haben, die sich Schwiegersohn und mich Opa nennen, obwohl sie noch keinen

Nachwuchs zustande gebracht haben, von denen will ich mir den Abend nicht versauen lassen. Übrigens: Hotel und Flug sind dabei..

„Gustav“ sagte ich „nochmals, wenn Du alleine eingeladen hättest, na gut, aber diese anderen Leute, das kann ich nicht. Du weißt doch, dass ich in den letzten zwanzig Jahren im Beruf keine derartige Einladung angenommen hatte. Man hatte zwar immer betont, diese Leute, die mich einladen wollten, dass sie mich zu einem Symposion einladen, weil ich einer der so genannten Meinungsbildner im Fach sei und durchaus eine eigene Meinung habe und vertreten könne, selbst wenn sie gegen die Ansicht der Firma gerichtet sei – „wie man es ja von Ihnen weiß“ und dabei haben sie immer verständnisvoll gelacht – aber da hatte ich genug und lehnte dankend ab.“

„Ja, ja, Moralapostel, ich weiß das“ knurrte Gustav „Aber hier kann Dich doch keiner festnageln, weil Du erstens aus Deinem Beruf draußen bist und wem solltest Du dann noch nützlich sein und weil, zweitens, ich die Karten bekommen habe und nicht Du und wir beide in den unterschiedlichsten Berufen tätig waren. Also könnte allenfalls ich geschmiert werden, von der Großindustrie oder der Regierung, wobei ich nicht weiß wozu, außer, weil ich noch so einige Verbindungen, Connections, habe. Also, überleg es Dir bis übermorgen und ruf mich an, mit Zusage wie ich hoffe, und dann können wir alles Weitere bereden. Grüß Deine Frau, auch von meiner!“ Gustav hatte das Gespräch etwas rasch beendet und ich war sicher, dass er doch ein wenig beleidigt war.

Don Giovanni, dieser Don Giovanni, den ich am Pfingstsamstag, am 3. Juni in 3-Sat gesehen hatte, mehr durch Zufall, noch nicht einmal ganz von vorne, mitten in die Ouvertüre so hineingezappt, schon müde vom Schreibtischsitzen. Leporello war da gerade dabei seine Eingangsarie zu singen, die, die ich auswendig kannte. Dieser Don Giovanni! Welch eine Aufführung muss das gewesen sein, wenn man so drinsitzt, im Theater, in Zürich. Die Bartoli als Elvira, Salminen als Komtur! Und Harnoncourt! Schon wie er immer dirigiert. Er benutzt ja nie einen Taktstock, immer nur die Hände. Vielleicht weil er selbst so von unten gekommen ist? Was heißt von unten, er war eben Cellist, saß unten im Orchestergraben. Zeigt man da nicht gerne mit einem Stock auf die Leute, die da fiedeln und blasen? Ich würde einen Taktstock nehmen. Aber mich fragt keiner. Und hätte ich die Chance in einer Partitur auch nur über den dritten oder vierten Takt hinauszukommen? Niemals. Vielleicht hätte ich mir den Einsatz der Flöte noch merken und ihn geben können, aber dann wäre es schon aus gewesen. Selbstverständlich gibt es so Genies; solche, im Eigenbau, die eine Schallplatte oder eine CD laufen lassen und dann, weil sie ja die ganze Oper oder das Konzert so drauf haben, mit verzücktem Gesicht und energischen Gesten in der Luft herum rudern. Sie geben auch jeden Einsatz, wenn sie ihn gerade hören, beileibe nicht vorher. Was wäre, wenn die Hörner an dieser Stelle nicht einsetzten? Sie würden es nicht merken. Es wäre dann vielleicht ein anderes Stück.

Einer meiner Kollegen, der vom Sessel aus den ganzen Ring dirigierte – eigentlich war es nur ein Akt aus der Walküre, was er für den ganzen Ring hielt, die Walküre,– der sagte einmal öffentlich und freimütig, dass er ursprünglich Dirigent werden wollte und nun doch nur Ministerialdirigent bei der Regierung geworden sei. Er hatte Karriere gemacht, in der Politik. Und, hat irgendwann jemand gefragt, was er kann? Der ehrliche und biedere Ferdinand, ein ungarischer Freund, dem ich sagte, „dort in dem Haus, wohnt ein Ministerialdirigent“, fragte später, ob der Musiker dort noch lebt? Also.

Nun könnte ich vielleicht sehen wie Harnoncourt den Don Giovanni dirigiert, eigenhändig, oder life wie man sagt, weil Gustav ja Karten hat. Aber, eigentlich hab ich es gesehen, am Bildschirm, so nah, wie ich es vom besten Platz in Zürich nicht hätte können. Er lebt die Musik vor, Harnoncourt. Er lebt sie vor, in dem Moment, in dem er den Einsatz gibt und die, die schon darauf warteten, sind dann losgelassen wie eifernde Hunde. Und weiß er das nur aus der Partitur, das Leben der Musik, der Dirigent? Er war Meistercellist, dieser Harnoncourt, wie Sawallisch und Solti hervorragende Pianisten, Mazel und Menuhin eben Geiger waren. Muss nicht jeder Dirigent, welchem Orchester oder Chor, welcher Oper er vorsteht, ein Meister auf seinem oder einigen Instrumenten sein? Nur ein Ministerialdirigent, der braucht nur zu dirigieren.

Wie komme ich auf Harnoncourt und all das Drumherum? Weil ich seinen Bruder kenne? Was heißt kennen? Wir haben gelegentlich ein paar freundliche Worte gewechselt, nicht über Musik und nie mit einer Anspielung auf den Bruder in Wien oder Zürich. Aber selbstverständlich wussten wir alle im Kollegenkreis, wie man das nennt, wer die Harnoncourts waren. Vielleicht war keiner ein Star, wie Karajan. Dieser soll später nicht sehr freundlich von dem damals noch jungen Kollegen, der einmal bei den Wiener Symphonikern unter ihm Cellist war, gedacht haben. Aber was macht das? Wenn man in manchen Dingen anderer Ansicht ist als ein großer Meister, trotzdem um saubere Arbeit bemüht ist, macht man sich da immer beliebt? Nicht dass Karajan nicht sauber gearbeitet hätte. Das hat er, soweit ich das sagen kann. Aber, Originalinstrumente? Der Zeit entsprechend? Ist man damit nicht antiquiert?

Nun ja, mich hat man einen Puristen geschimpft. Ist das etwa das Gleiche? Ich muss mich abregen, nicht auf. Was ich auch denke über andere, stets meine ich, selbst betroffen zu sein. Das ist geistiger Egoismus, ein Nabelphänomen, weil man glaubt, alles drehe sich um einen selbst. Ich werde Gustav absagen müssen, auch wenn er dann sicher sehr beleidigt ist. Dabei hat gerade er, Gustav, was nur irgendwie ging, für andere gemacht. Es hat ihm etwas eingebracht allerdings, dass man immer sagte: „Gustav macht das schon." Natürlich sagte man nicht Gustav, sondern Herr Dingsda. Und weil er wirklich alles machte, hatten die, die ihn immer machen ließen, weil man ja einen Dummen braucht, nicht bemerkt, dass er plötzlich alle Fäden in der Hand hatte. Freilich waren das nur die Fäden eines kleinen Marionettentheaters und er, der dann selbst keine Marionette mehr war, er war dann zumindest Intendant, wenn man beim Theater bleiben will. Und allenfalls konnte die Politik und konnten noch einige Menschen von Einfluss, ihm wieder sagen, wie er die Strippen zu ziehen hätte. Dann kannten ihn auch viele Leute, vielleicht nicht so viele wie Harnoncourt, und einige buckelten vor ihm. Gut so.

Aber Zürich wäre schon schön. Flug und Hotel wären dabei. Welches Hotel? Vor Jahren war ich dort, mit meiner Frau, im Storchen, direkt über der Limmat. Das war ein nobles Hotel, der Storchen. Fein, distinguiert, teuer. Den Blick über den Fluss auf die beiden Türme des Großmünsters, die Häuser am anderen Ufer, habe ich noch vor mir. Wir frühstückten auf der Terrasse. Einige Markisen verdeckten die darunter liegende weitere Terrasse und einen Teil des Landungsstegs für die Motorboote, nur einige bunte Pfähle, fast wie in Venedig, sah man über die beigen Tücher ragen. Ein paar Spatzen hüpften heran, pickten die Brösel der Blätterteig Croissants auf, die unweigerlich hinunterfielen, bis eine keifende Direktrice kam und die kleinen Vögel mit dem Fuß verscheuchte. Das war eigentlich das Wesentlichste, woran ich mich vom Storchen erinnern kann.

Wenn man vom Storchen, elegant gekleidet, gleich in die Oper könnte? Wenn die Bartoli noch nervös in ihrer Garderobe sitzt und man geht gemessenen Schrittes dorthin. Wenn man sich das vorstellt. Noch viele elegante Leute schreiten so, sozusagen. Die Bartoli nervös? Ich habe keine Ahnung, ob sie das ist. Vielleicht denkt sie: „Ihr könnt mich gernhaben“. Auf Italienisch natürlich. Aber ob die Bartoli so vulgär denkt, bei ihrer Gage, in diesem Ambiente? Doch was heißt das schon: Ambiente, vornehm? Heute gehen die Leute wie sie gerade sind ins Theater. Ob auch in Bayreuth, kann ich nicht genau sagen, aber sonst schon. Dort in Bayreuth muss man ja im Frack oder zumindest im Smoking kommen, vor allem, wenn man seine Karte nicht bezahlt hat sondern so hin muss, mit Fernsehen, Presse und so weiter. Wir gingen sicher elegant dahin, in Zürich, wenn wir die Karten von Gustav annehmen würden. Schon wegen meines Traumas müsste ich dies: In München, Prinzregententheater, weil die Staatsoper noch eine Ruine war, spielte man den Falstaff. Dietrich Fischer-Diskau in der Titelrolle, hieß es, gesungen hat aber Imdahl, war ja egal. Die Karte hatte ein Freund besorgt, vielleicht eine Studentenkarte, obwohl ich kein Student mehr war. In der Pause, auf dem Gang zum Foyer - bis hin bin ich gar nicht gekommen - hat man mich so angesehen, so an mir herunter und weg gesehen, dass ich stehen blieb und mich in eine Ecke verdrückte. Ich trug einen Anzug in hellerem Blau, leicht gemustert. Gewiss war der Anzug billig gewesen, aber ich wäre nackt und mit Aussatz kaum weniger aufgefallen. Deutschland schickte sich an seine nationale Identität wiederzuerlangen. Westdeutschland. In Zürich lächelt man den Leuten zu, die da kommen, weil man sie kennt, weil man sich kennt. Man sieht sich. Leute, die man nicht kennt, sieht man nicht und braucht dann nicht zu lächeln.

Und dann dieser Schrei! Am Fernseher natürlich: Donna Anna stößt ihn aus. Erkennen kann man nur ein Gerangel im düsteren Hintergrund. In dem Stimmengewirr ist nichts zu verstehen, auch nicht: „Ha, Elender, Verruchter, hab ich dich", nein, man muss auch nichts verstehen, nur Mozart hören. Und es dauert nicht lange, da verröchelt jener Komtur, niedergestreckt vom Degen dieses Don Giovanni. Es bleiben eine verzweifelte Donna Anna, ein triumphierend flüchtender Don Giovanni und ein ängstlich rennender Leporello, der die Schweinerei seines Herrn mit angesehen hatte, der dazu Schmiere stand. Aber was ist da alles geschehen? Man kann doch nicht einfach so auf einen gewissen Herrn Mozart hören, der da seine musikalische Untermalung zu einem schrecklichen Text macht. Abwarten. Am besten, man klinkt sich hier aus, weltmännisch, weltläufig. Im Theatercafé, nach der Vorstellung – warum die Frau Wasserwerksdirektorin, die Gattin des Wasserwerksdirektors, da so pikiert und sozusagen nicht verstehend, kühl dreinschaute, ist unverständlich – nur weil man lächelnd zu ihr sagt: „Na, was meinen Sie, hat er sie nun, dieser Don Giovanni, diese Donna Anna, oder hat er sie nicht? Sie hätte nicht so zu schreien brauchen, wenn nichts gewesen wäre. Und erst recht nicht, wenn etwas war. Da schreit man doch nicht, da schweigt man wie es gewöhnlich die Opfer solcher Sittenstrolche tun.“ Das hätte man sich aber vorher denken können, dieses Gehabe der Frau Wasserwerksdirektorin. Aber, man soll im Café nicht über so etwas diskutieren, mit solchen Leuten schon gar nicht.

„Der Komtur, der Salminen, Routine, Routine. Ich glaube, heute hat er etwas gewackelt, in den höheren Lagen und in der Tiefe habe ich ihn schon kräftiger gehört. Haben Sie übrigens den Film gesehen. „Keine Gondel für die Leiche“, mit dem Mario Adorf? Also als Komtur eine durchaus passable Leistung. Natürlich hat der Adel verächtlich über ihn gesprochen: „Commendatore“ hat es da nur geheißen, nicht Komtur, „was ist das schon?“ An die Musik kann ich mich gar nicht mehr erinnern. Ach ja, Vivaldi war da dabei, auch und durchaus nicht schlecht!“ Das war nicht die Frau Wasserwerks-Direktorin, die das sagte. Irgendjemand war es. Wahrscheinlich ist es besser wieder an diese Musik zu denken. Wenn man da Karten hätte?

Schrecklich, dass man sich durch so dummes Gerede, und wenn es zehnmal vom Aufsichtsratvorsitzenden von 18 großen Bergbahnen kommt, so aus dem Konzept bringen lässt. Aber ich glaube, es ist mir erst hinterher eingefallen, was ich dazu im Moment hätte denken müssen. Denn wenn man auch nur wenige Takte gedanklich abschweift, ist man draußen. Gewiss, durchhalten vom ersten bis zum letzten Takt, das können die, die es müssen. Die Bartoli vielleicht und Harnoncourt und die anderen. Aber das ist ja auch deren Job, deren Beruf, während es für unsereinen doch Vergnügen, Entspannung und keine Anstrengung sein soll, eine Oper, und wäre es der Don Giovanni, über sich ergehen zu lassen. Das ist sehr schwierig, denn wenn mir zwischendurch, an den schönsten Stellen, den offiziell schönsten, etwas einfällt, muss ich mich erst wieder hinein denken, einfangen lassen von der Musik, von der Handlung. Dann ertappe ich mich, schon wieder abschweifend, dass ich gerade an die Geschichte mit dem Herrn X oder Y gedacht habe. Eine lange Geschichte und ich kann sie auch in den zwanzig oder dreißig Takten, die ich abgeschweift bin, nicht ganz rekonstruieren oder mir in ihrem Ablauf vorstellen. Ich weiß nur, dass ich daran gedacht habe und ärgere mich über mich. Gewiss bin ich nicht eingeschlafen, während des Konzerts oder der Oper, denn dann könnte man noch annehmen, dass ein großes Traumwerk entstanden sei, von dem man später glaubt, es drei Stunden lang erlebt zu haben, während die Frau nebenan, lächelnd, nur ein kurzes Einnicken beobachtete. Und was hat man schon in dem kurzen Traum, bei dem man oft nicht die Augen geschlossen hatte, erlebt? Wie ein Fremder versucht die Haustüre zu öffnen, die man krampfhaft selbst zuhalten will. Wie man ständig eine Straße überqueren will, die man noch nie gesehen hat. Nur, wenn man mit einem Ruck, einem Durchzucken des Körpers, wieder aufwacht, wieder die Musik in sich aufnimmt, dann hat man die Gestalten, die eben noch leibhaftig vor einem standen gleich vergessen. Vielleicht sagt man später kleinlaut: „Ich glaube, ich bin da mal eingenickt.“ Mehr weiß man nicht mehr. Auch ein déjà-vu Erlebnis dauert nur einen kurzen Moment.

Aber es gibt auch die ständig gleiche Schauergeschichte vom Ertrinkenden, den man doch noch gerettet hatte, denn sonst hätte er diese Geschichte nicht erzählen können: Wie im Wasserschlucken und im Verdämmern seines Bewusstseins nochmals sein ganzes Leben vor ihm abgerollt sei. Von jeder Kirchenkanzel wird diese blödsinnige Metapher mindestens zweimal im Jahr heruntergespult. Erst hinterher, und bestenfalls als künstliche Konstruktion kann man sich diese Geschichte zurechtzimmern. Drum, wenn ich es jetzt schreibe, das vom plötzlichen Danebendenken, ist mir dies erst später und ganz gewiss und nicht früher eingefallen: Diese Dramatik, dieses Aufgewühltsein in der Musik, im Don Giovanni! Hatte ich nicht etwas von abschweifen gesagt, von anderen Gedanken?

Don Giovanni! Vom wem ist das, oder dieser, oder diese, die Oper? Mozart? Hat der nicht bloß vertont? Was heißt bloß? Irgendein Spanier soll diese Geschichte zuerst erfunden haben, ein Lorenzo da Ponte hat sie dann ausgegraben oder abgeschrieben und für den Herrn Mozart zurechtgemacht. Er hat einen klassischen Stoff, den Untergang des lästernden Bösewichts, nun in genieartiger Fassung Mozart gegeben, der daraus den Don Giovanni in jeder Gestalt und in jeder Nation und, vielleicht sogar in uns, machte. Na und? Was Besonderes? Sex and Crime, sonst nichts, wie überall und immer. War es anders bei einem gewissen Herrn Faust, den ein Herr Goethe zwar geschrieben aber nicht erstmals erdichtet, also erfunden hat. Haben sich nicht außer ihm, Goethe, noch mehr Leute an diesem Stoff versucht? Gounod hat sich des Gretchens angenommen und musikalisch eine romantische Margarete daraus gemacht. Gewiss, das ist uns bekannt. Und was ist mit Bach - Gounod, mit „Ave Maria?“ Ist diese Vergewaltigung eines Stoffes, einer Musik, legitim? Es ist mit jedem archaischen Stoff so, von den Troerinnen, der Antigone und Medea bis heute, von Homer bis zu uns. In der Urfassung, der Bearbeitung, Nachdichtung, als Chorwerk, Oper, Sinfonie und Operette. „Die schöne Helena“, ein Gemeinschaftswerk von Homer und Jacques Offenbach? Nein, da haben die Herren Meilhac und Halévy erst Homer ein bisschen zurechtbiegen müssen, aber damit hat uns Offenbach eben „die schöne Helena“ kredenzen können. Aber was sind das für Leute, die da nur so nachdichten, nachmachen? Gut, von dem Herrn Goethe wollen wir nicht reden, der sei außen vor. Außen vor was? Na gut. Homer? Auch gut. Vor allem, weil er kein Copyright mehr hat, dieser Homer. Der Stoff gab eben etwas her, und das was er hergibt, was man daraus macht, das ist der Geniestreich oder der Flop, je nachdem was es wird.

Aber wir waren doch beim Don Giovanni, bei Mozart und seinem Librettisten. Aber wer war dieser Herr da Ponte: Dichter, Abschreiber, Hasardeur? Eine abenteuerliche Geschichte, sein Leben! Er hätte, wäre er von Adel gewesen, selbst Don Giovanni sein können. So war er nur ein konvertierter Jude, der aus allem das Beste machte. Hatte er nicht unzählige Berufe und ist er dann nicht schließlich in Amerika verstorben? Gewiss, das ist sein Zweizeilenleben. Stimmt aber nicht. Es stimmt jedoch, dass er die Europäische Musik, die Oper, in Amerika bekannt gemacht und eingeführt hat. „Soll er doch, soll er doch" sagen wir. Er hat in Europa, - von Österreich oder Deutschland kann man nicht reden, - Opernlibretti verfasst, für Herrn Mozart davon drei. Und waren das nicht Erfolge? Außer Don Giovanni noch Figaros Hochzeit und Cosi fan tutte. Und ob. „Kein Wunder wenn Mozart die Musik macht. Das wissen wir doch." Denn, sehen wir nur welchen Erfolg da Pontes erstes Libretto für Salieri hatte, „il ricco d'un giorno?" Keinen! Na also, es muss doch nur an Mozart gelegen haben. Wartet ab, kommt noch!

Und war er wirklich ein konvertierter Jude? Nicht ganz. Sein Vater, ein jüdischer Kaufmann aus dem heutigen Vittorio Veneto war es. - Warum das so, Vittorio Veneto, und nicht mehr Ceneda heißt, soll uns egal sein, weil es nur der Namen einer Stadt ist. - Doch wir kennen den Namen des Juden Conegliano und seiner Kinder, die dort wohnten. Denn als seine jüdische Frau starb und ihm drei Söhne hinterließ, wollte dieser, der Vater, eine neue Mutter für die Kinder. Es war eine siebzehnjährige Christin, die diesen Mann heiraten und den Kindern eine Mutter sein wollte und der zuliebe er zum Katholizismus konvertierte. Der die Konversion des Juden mit seinen drei kleinen Söhnen bewerkstelligende Bischof von Caneda, wurde zum Paten und gab einem der Jungen den Namen Lorenzo und seinen eigenen, da Ponte, hinzu.

Man hat die Jungen nicht gefragt, ob sie christliche Namen wollten, wie man Lorenzo auch nicht gefragt hat, ob er Priester werden will, was er werden musste. Und als er das wurde, hat er verständlicher Weise erkannt, dass dies nicht der geeignete Beruf für ihn war, obwohl er schon Karriere machte und nicht nur Priester sondern auch Vizerektor an einem christlichen Seminar war. Da ist er sozusagen zum Aussteiger geworden. Er hatte ja Glück gehabt, denn es war nicht selten Brauch, Knaben mit schönen Stimmen zu kastrieren, um ihre Stimme, rein und hell, zum Lob Gottes erschallen zu lassen. Vielleicht war er zur Zeit der Konversion des Vaters schon im Stimmbruch und hatte keine so schöne Stimme mehr? Welch ein Glück, gerade für ihn und für uns. Und die ganze Konvertiererei des Vaters? Hat nun der Jude seinen Glauben verraten und eine Schickse geheiratet oder hat eine gläubige Christin den Juden zur Taufe bekehrt? Also hin oder her: In „Deutschlands großer Zeit", im Dritten Reich, unter den Nazis, als man einen Film drehte, der hieß „Wen die Götter lieben", der über den, ach allzu früh verstorbenen, Mozart ging, da hat man gesagt: Jude bleibt Jude, auch wenn jemand konvertiert war. Auch er kam in ein Konzentrationslager und wurde dort umgebracht. Nur Hermann Göring konnte sagen: "Wer Jude ist, bestimme ich" weil es um die Kinder seiner zweiten Frau, Emmi Sonnemann ging. Aber was soll das hier. Tut doch nichts zur Sache, oder? Mendelssohn-Bartholdy, auch ein Konvertierter, dessen Vater die Konversion schon begonnen hatte, dessen Musik hat man in dieser Zeit eben nicht mehr gespielt, verboten. Und was gab es da nach dem Krieg für schöne Anekdoten: Als der Wehrmachtsoffizier unbedingt vom Wehrmachtsorchester seinen Mendelssohn gespielt haben wollte? Da hatte man ins Programm geschrieben: von „Bartholdy", und das Mendelssohn, das ja so jüdisch klang, hat man einfach weggelassen. Niedlich, was? Blöd waren sie auch noch, die Nazis, auch nach dem Krieg, als sie sich die eigene Lauterkeit und ihren nie gehabten Widerstand zurechtzimmerten!

Und wenn man den Herrn Da Ponte zehnmal getauft hätte, er wäre doch das geblieben, was er war. Was geblieben oder geworden? Christ, wie ein gewisser Jude, der sich sogar im Jordan taufen ließ? Dieser Letztere, der sich taufen ließ war also nicht nur Jude, sondern ist es geblieben, immer noch, bis heute, weil, das bleibt man doch? Oder bringe ich da etwas durcheinander?

Doch wozu rege ich mich auf? Ein Lorenzo da Ponte war Priester. Na gut. Dass er weit mehr als eine oft gefährliche Liaison hatte, was machte das? Er lebte ja im Zölibat, denn er hatte die Damen nicht geheiratet, über die er sich neigte oder denen er sich zuneigte, selbst wenn diese verheiratet waren. Da hatten die Gatten meist beide Augen zugedrückt. Musste da bei Da Ponte nicht ein Don Giovanni herauskommen, ein Don Giovanni mit allen Raffinessen, jeder Verruchtheit, mit der Macht des Besessenen? Dass er, da Ponte, später selbst noch unter die Haube, zu einer Nancy käme, merkwürdig für einen Priester damals, das wusste er jedoch nicht, als er sich, Mozart und der Welt, den Don Giovanni gab.

Natürlich hatte ich diese Überlegungen über da Ponte und Mozart nicht während ich vor dem Fernseher stand. Es war auch nicht der plötzliche Film des Ertrinkenden vor mir abgelaufen, als Don Giovanni diese oder jene nicht sehr saubere Tat beging und ich mich hätte fragen sollen, nicht müssen, hast du das auch gemacht? Oder hätte ich es gerne gemacht, aber mich nicht zu tun getraut. Alles kam erst später, kam mit der Erinnerung. Damals, an Pfingsten jedoch, bin ich stehen geblieben, vor dem Bildschirm und habe mit weiten Augen und Ohren gesehen und gehört. Die Fernbedienung in der Hand, wie bereit zum nächsten Sender zu zappen, bin ich langsam zu einem Sessel zurückgegangen und habe nur diese Oper, dieses Werk gesehen.

Alles Leben ist jetzt auf der Bühne. Kein Harnoncourt gibt mehr die Einsätze. Natürlich tut er das noch; jetzt auch noch für die Sänger, aber es ist nichts von ihm zu sehen. Von einem dunkel-düsteren Bildschirm kann man eine Gestalt erkennen und dann hört man eine fast stampfende, bäuerische Musik, ganz im Kontrast zur zunächst düsteren, dann eleganten, geschmeidigen, aber immer drängenderen Ouvertüre. Ist das Mozart? Ja, er ist es, der in dem buckelnden, tölpelhaften Leporello, das Volk, den Knecht, den Gehilfen singen, trotzig dahinbrummen und brüllen lässt: „Keine Ruh' bei Tag und Nacht, nichts was mir Vergnügen macht…..".

Natürlich kenne ich die Geschichte, die ganze Arie, habe sie selbst oft gesungen, weiß wie sie weiter geht. Man könnte und kann damit brillieren. Die erste Arie, die noch dazu fast jeder kennt, da ist der erste Szenenapplaus sicher. Dem Sänger ist dies ja egal, was er gesungen hat. Der Applaus am Ende der Arie sagt ihm, dass er gut war, seinen Job gut gemacht hat. Manchem Sänger muss man gar nicht sagen, was es bedeutet, was er da singt. Wenn er Text und Stimme zusammen einstudiert hat und dann die Arie so wie gern gehört herausströmen lässt, warum sollte er sich darum kümmern? Wenn es seine Muttersprache ist, in der er singt, na ja, dann kann er, was man ihm nicht eintrichterte, noch durch besondere Betonung oder Raffinesse hervorheben. Nun gut, den Leporello im Don Giovanni kann man entweder auf Italienisch, wie es das Original ist, oder auf Deutsch singen. So kennen wir es meistens. Ich weiß nicht, ob man diese Oper auch in Russisch singen kann. Wahrscheinlich nicht, oder doch? Wir singen doch auch den Boris Godunow auf Deutsch und nicht auf Russisch. Das gebildete Opernpublikum versteht sowieso die Originalsprache und will eine Oper gar nicht anders hören. Deutsch, Russisch, Italienisch, Französisch. Spanisch, ist egal, wir verstehen alles. Es haben sogar einige Leute gemerkt – ich kann nicht dafür bürgen ob es in Bayreuth, an einer anderen Weihestätte oder nur an einer Bühne war, - dass der Tenor in seiner Erzählung die vierte vor der zweiten Strophe sang, was überhaupt keinen Sinn gab. Immerhin haben es einige Leute gemerkt, der Sänger jedoch nicht. Er hatte doch seine Partie gesungen und nicht irgendjemandem etwas akribisch erklären wollen. Er hatte die 136 Takte in völliger Übereinstimmung mit dem Orchester hinter sich gebracht. Also was soll das? Das gebildete Publikum hat es gemerkt, vor allem, weil es auf Deutsch war. Und der Sänger, Amerikaner?

In der Originalsprache ist die Oper am besten. Da weiß der Komponist wie das der Librettist gemeint hat und komponiert nicht so irgendeinen Schmalz, wenn er in Wirklichkeit Trauer zum Ausdruck bringen müsste. Aber, wahrscheinlich ist auch das nicht richtig, denn – und hier muss ich zitieren, den Altmeister der Wiener Opernkritik, Marcel Prawy, der, stilvoll umgeben von Pappkartons und Plastiktüten im Hotel Sacher in Wien, seinen Lebensabend verbrachte – dieser, Prawy, meinte, dass es doch eher kurios sei, wenn Giuseppe Verdi dem traurigsten Text einen schmissigen, italienischen Belkantosatz überstülpt oder unterlegt. Die Hauptsache bei Verdi sei, meinte Prawy, die Musik ist zündend. Also Oper immer in Originalsprache! Daher schreibt der italienische Librettist da Ponte für den Italiener Mozart den Don Giovanni! Natürlich weiß ich, dass ein Genie wie Mozart auch Italienisch sprach. Selbst wir verstehen nicht nur eine italienische Speisekarte zu lesen. Und ist eine Oper etwas für den Pöbel? Sie ist, und das wird wohl so sein, etwas für die Gebildeten. Und der Gebildete spricht Fremdsprachen, wie etwa Friedrich II von Preußen, der Französisch sogar besser als Deutsch sprach. Und Mozart und da Ponte: Es gab die Italienische Oper schlechthin, den Don Giovanni, der unter gebildeten Leuten, in der Originalsprache seine Uraufführung hatte, in Prag.

Aber warum muss ich immer wieder hängen bleiben, bei der Oper, bei diesem Leporello? Eine Schweinerei bahnt sich an oder hat bereits stattgefunden und Leporello, der für seinen Herrn Schmiere stand, was macht er? „Husch, husch ins Winkelchen hinein, husch, husch ins Winkelchen hinein, husch, husch ins Winkelchen hinein! Ja, ja, ja, ja, husch, husch ins Winkelchen hinein!“ Ich hätte mitsingen können, aber, erstens macht man das nicht und zweitens sang dieser Leporello, László Polgár, in italienischer Sprache. Es klang gut, hervorragend.

Da beginnt schon diese groteske Szene: Donna Anna verfolgt schreiend eine Gestalt, Don Giovanni, den sie festhalten will. Sie will wissen wer versucht hat bei ihr einzudringen. Und da sind wir schon wieder bei der Frage des

Pöbels: Ja, des Pöbels, des Herrn Aufsichtsratsvorsitzenden. „Eingedrungen, ha, ha, ja wo wohl? In ihr Zimmer, in sie?“ Ist doch schön wenn bedeutende, gebildete Leute auch so menschlich daherreden können. Wirklich? Aber, das habe ich doch schon beschrieben. Wir wissen doch wie die Geschichte weitergeht, und deshalb kann man, angesichts des Verhaltens Donna Annas, ihrem Verlobten, Don Ottavio, gegenüber, dem sie sich, später, auf ein Jahr, wegen der Trauer um den Vater, verweigern will, nicht annehmen, dass sie „da mittendrin“ bemerkte, dass dies kein rechtmäßiger Vorgang sei, die Sache da, mit dem Mann, der bei ihr eingedrungen war. Dachte da Donna Anna: „O Gott, das ist ja gar nicht Ottavio?“ Nur in einer Geschichte von Rouald Dahl hat so ein Spiel funktioniert, bei dem zwei Männer, nachts, heimlich, jeweils zur Frau des anderen schlichen und diese Frauen dann nicht merkten, dass da eigentlich ein anderer als ihr Mann zur Sache ging. Komische Frauen das. Aber das ist ja auch nur eine Geschichte. „Küsschen, Küsschen“, hieß das Bändchen übrigens, in der deutschen Übersetzung.

Aber wie kann man in dieser Dramatik nur solche Überlegungen haben? Was macht eigentlich Mozart aus dieser Szene? Wir wissen was er macht, denn, ehrlich, haben wir jedes Wort, das gesungen wurde, egal ob es italienisch oder deutsch war, verstanden? Nein, das war auch gar nicht nötig. Wir hören eine aggressive, kämpfende Donna Anna und einen feigen, sich eher verdrückenden Don Giovanni. Welch eine drängende und gleichzeitig zaudernde Musik! Und auf ihre Schreie hin schließlich, als sie Don Giovanni noch stumm zu machen droht, eilt der Komtur herbei. Auch hier ist es unnötig nur irgendein Wort zu verstehen. So ist der Kampf mit den

Degen, bis zum Tod des Komturs. Untermalung oder gar Programmmusik? Nein, Drama in sich.

Doch wo war Leporello? Er war schon da! Ins Winkelchen gedrückt, schlotternd vor Angst und dann? Erst seinem Herrn so ein wenig Vorwürfe wegen des Todes des Komturs, der da nur noch „der Alte“ war und wegen der Verführung oder gar der Vergewaltigung der Tochter zu machen, das hat er sich schon getraut, um dann, auf angedrohte Prügel hin, „zu schweigen wie das Grab.“

Nun, Leporello ist eine literarische Gestalt. Vielleicht gab es ihn in Spanien, im ausgehenden 16. und im 17. Jahrhundert, wo ein Tirso de Molina, angeblich als erster, die Geschichte des Don Juan, des Bösewichts, schrieb. Doch ich will nicht bei Tirso de Molina nach diesem Leporello kramen, in seinem Don Juan. Vielleicht ist Leporello für Juan das gewesen, was ein Sancho Pansa für Don Quijote war. Vielleicht braucht man diese Gestalt, wie man in der Oper, im Schauspiel, eben einen Buffo braucht, der durch seine Dummheit, Gutmütigkeit oder auch Verschlagenheit, die Eigenschaften seines Herrn besonders hervorhebt. Meistens muss er ja die guten Eigenschaften hervorheben, denn sonst gibt es eben die zur Rolle gehörenden Prügel. Und gibt es nicht auch im Zirkus den dummen August, den Wurstel, der sogar dem „Schwierigen“, im gleichnamigen Stück von Hofmannsthal Tränen der Rührung entlockte? Aber wo gibt es heutzutage noch einen Leporello?

Hören wir wieder auf diese Musik! Herrlich, majestätisch. Und wenn ich doch bei Gustav zusagen würde? Solche Karten, für Zürich, für eine solche Aufführung, werde ich in meinem Leben, zumal im Ruhestand und ohne Bedeutung, nicht mehr angeboten bekommen, noch nicht mal für Geld. Ich weiß ja nicht, wen ich da noch treffen soll, wen er da noch eingeladen hat oder wer ihn? Kann mir eigentlich egal sein. Ich bin niemand mehr verpflichtet. Gut, es könnte peinlich sein, wenn man plötzlich jemand begegnet, den man hasst wie die Pest und der dies weiß. Einmal bin ich ja schon hereingefallen bei so einer Sache: Plötzlich stand ich meinem alten, früheren Chef gegenüber. Er mit Frau, ich mit Frau. Artige Verbeugung, lächeln, Hände schütteln. Es war mehr wie Pfötchen geben. Gerade dass kein Handkuss verlangt war. Der Chef mochte das nicht, diese antiquierten Floskeln. Er lebe immerhin im 20. Jahrhundert, meinte er früher immer. Und er wusste nicht nur genau, wie sehr ich ihn hasste, auch, wie ich ihn immer noch hasse. Er lächelte freundlich, überlegen wie immer. Ich musste auch lächeln. Was blieb mir übrig? In der großen Halle, mit dem Glas Champagner in der Hand, umgeben von lauter Kollegen, die ihn und sich untereinander ebenso hassten und verachteten, kann man nicht sagen: „Na, Sie altes Schwein, auch hier?“ Geht nicht. Und wenn ich es gesagt hätte, hätte, meine ich, was wäre gewesen? Die anderen Kollegen, die ihn ebenso hassten, hätten sich von mir abgewandt und mich nie mehr angesehen. Und was das bedeutet, hatte ich schon erfahren, auf viel geringere Bemerkungen hin. Plötzlich war ich out. In dieses Gremium nicht mehr gewählt, dort von einem andern abgelöst, „leider schon an den Kollegen XX. vergeben.“ Warum, hat zu mir nie einer gesagt. Auch keiner von denen, die ihn, den Chef, als den übelsten Banditen bezeichneten, wenn wir ganz alleine von ihm sprachen. Sie stritten später jede nur irgendwie auslegbare Bemerkung ihrerseits vehement ab. „Habe ich nie gesagt" hieß es nur. Dabei hatte ich anfangs nichts, absolut nichts gegen ihn. Er war mein Chef und, dass er auch etwas sagen müsse, was mir nicht so passte, das war schon eingerechnet, als ich mich bei ihm, der damals im Konzern das Sagen hatte, beworben und die nicht unansehnliche Stelle bekommen hatte. Ich war ja auch kein Anfänger mehr und brachte doch etwas mit, selbst wenn ich von außen kam und kein Eigengewächs war. Aber das ist nicht gefragt. Wichtig war, dass man seine Führung, seine Kompetenz auf allen Gebieten, nie anzweifelte. Es wäre auch niemandem eingefallen dazu auch nur die im Entfernsteten zweideutige Bemerkung zu machen. Nein, man musste beklatschen, was er machte. Hier hatte ich ja schon meinen ersten Fehler gemacht: Als wir, so vier oder fünf Kollegen um ihn, von einer großen Halle zur anderen schritten, obwohl unsere Arbeit absolut nichts mit der Produktion zu tun hatte, denn davon verstand keiner etwas von uns, erzählte er, dass doch dieser Idiot von einem Y. schon wieder ein Eigentor geschossen habe. Dieser Y. war über ein Jahr kommissarischer Generaldirektor, also selbst Chef gewesen. Vor Monaten noch war er endgültig für die Stelle, die des Chefs, vorgesehen, aber dann war ihm doch dieser, der jetzige, vor die Nase gesetzt worden. Sein Schwiegervater habe ein größeres Aktienpaket, hieß es. Klar, dass dann ein nebeneinander her nicht gut möglich ist, wusste jeder, auch Y. Er hatte auch schon einen anderen, nicht ganz so lukrativen und bedeutenden Posten, den er in zwei Monaten antreten sollte. Aber, er wollte einen würdigen Abgang, dieser etwas merkwürdige Y., wie plötzlich alle, die ein Jahr unter ihm gedient hatten, meinten. Vielleicht war er tatsächlich merkwürdig gewesen, weil er ja auch einstens Chef war, gefürchtet und gehasst. Aber nun wollte er sein Gesicht wahren. Wozu?

Alle hatten gelacht über das Eigentor des Y., nur ich nicht. Man hat es bemerkt: Der Neue und nicht gelacht! Ich wusste ja nicht, dass das zum Ritual gehört, das Lachen. Ich dachte bei einer kleinen Schweinerei muss man nicht lachen. Denn das Eigentor war eine sorgfältig präparierte Falle, in die Y. hineingetappt war. Mit ein bisschen Anstand hätte man ja nicht zu lachen brauchen. Aber wer weiß das schon, dass das gegen die Regel verstößt. Ich hatte schon meine eigene, kleinere Abteilung. Natürlich noch einen Vizedirektor über mir, der aber von der Produktion überhaupt nichts, von Management und etwa Auslandsgeschäften äußerst wenig verstand. Aber gut, er redete mir nicht in meinen Bereich hinein. Dann kam die Sache mit dem Südamerikageschäft. Die gesamte Produktpalette meiner Abteilung war aufgeboten worden, um hier hineinzukommen. Absicherung über Hermeskredite, Joint venture mit den Brasilianern, alles war vorbereitet und doch hakte es irgendwo. Das Geschäft schien zu platzen. Die Kanadier hatten sich mit den US-Amerikanern zusammengetan und waren drauf und dran in die Bresche zu springen und uns, mich, auszubooten. Ich wusste nicht wo es hakte.

Ich rief ihn an, den obersten Chef, den Meister aller Klassen. Alleine das war ein Sakrileg gewesen. Man ruft den Chef nicht an, allenfalls steckt man sich hinter seine Sekretärinnen und seine weiteren Adlaten oder man wartet auf die nächste Sitzung. Letzteres wollte ich in keinem Fall, weil ich schon miterlebt hatte wie man dann vor versammelter Mannschaft, alle hoch spezialisiert, viele mit Professorentitel, so richtig als Idiot vorgeführt und fertiggemacht werden konnte. Auch dabei hatten alle dem Chef freundlich zugenickt, wenn er einen anderen heruntermachte. Der Heruntergemachte hatte schuldbewusst die Hände ringen müssen und sich öffentlich zu entschuldigen, beim Chef, der dann lächelnd „ach ja, schon gut, wir wollen das vergessen“ sagte.

Also, ich rief den Chef an, kam ohne Filter der Sekretärin durch und brachte mein Problem vor. Nachdem er die Ungeheuerlichkeit des Anrufs zur Kenntnis genommen hatte, pfiff er mich an, warum ich mich nicht an den Vizedirektor K. gewendet hätte. „Er hat keine Ahnung davon“ sagte ich unvorsichtig. Er lachte. Aber als ich darauf bestand die Sache vor der nächsten Sitzung mit ihm selbst und vielleicht jemand, dem er dies zutraue zu besprechen, war er ärgerlich, beraumte aber umgehend einen Termin an, noch am selben Tag, zu dem ich ging. Wir saßen über eine Stunde beisammen. Drei Leute wurden hinzugeholt, die, nachdem sie kurz das Problem geschildert bekamen, aus ihrer Sicht Stellung bezogen. Schließlich beschied der Chef, mir wohlwollend auf die Schulter klopfend, dass die Sache in Ordnung ginge und das Geschäft doch perfekt sei.

Das Geschäft platzte. Nichts ging. Die nächste allgemeine Konferenz kam und sofort wurde die Sache, die sich längst unter Tausenden von Leuten herumgesprochen hatte, von Einigen süffisant aufs Tapet gebracht. Es war ja klar, dass dieser neue Trottel, ich, mit diesem Problem völlig überfordert war. Ich war sozusagen, zumindest zum Beschuss, freigegeben. Eigentlich war es nur eine Kleinigkeit, an der es gehangen hatte, eine Lappalie. Und dann gab es buckelnde, um Verständnis heischende Rückzugsgefechte der gesamten hohen Herren, als sie merkten, dass der große Meister und sie, seine Spezialisten, diese auch übersehen hatten. Und als ich ihn schließlich an einem Ort, an dem weder ich ihn noch er mich je vermutet hätte – es war eine Vernissage in einem kleinen Künstleratelier in einer weit entfernten Stadt – zusammen mit einer jungen Abteilungsleiterin, die sicher etwas konnte, die aber er selbst gegen jede Konkurrenz, denn es gab durchaus noch bessere Leute, auch Frauen, durchdrückte, sah, auch wie sie sich an den Händen hielten, und dann nicht wegsah und verschwand, sondern die beiden freundlich grüßte, hatte ich einen nicht gut zu machenden Fehler begangen. Der Fehler war nicht der, dass ich einen scheinbaren Saubermann entlarvte, sondern, dass ich seine Liaison öffentlich bemerkte. Es war ja nichts dabei als Boss eine Mätresse zu haben, noch nicht einmal sich hie und da dem niederen Personal, einer Laborantin oder Sekretärin, zuzuwenden, aber bemerken durfte man es nicht, vor allem nie öffentlich. Im kleinen Kollegenkreis konnte man durchaus sagen, dass wohl diese oder jene zurzeit die Favoritin, oder auch eine andere „dran“ sei, nur ins Sitzungsprotokoll gehörte es gewiss nicht. Und schließlich war man ja selber Mensch und konnte vielleicht auch, nun, so ein bisschen, Ihr wisst es schon.

Was aber tat ich dann? Ich versuchte auch zu buckeln. Und was die anderen konnten, konnte ich auch. Als ein neuer Abteilungsleiter, mit Professorentitel einer Technischen Hochschule, bei der allgemeinen Konferenz um Personal und einen besonderen Etat für ein durchaus Erfolg versprechendes Projekt ersuchte, erklärte ich ihm, quasi als Sprachrohr der gesamten Mannschaft, dass dies eine völlig überzogene Forderung sei und wohl abgelehnt werden müsste, was auch geschah. Ich hatte die Meinung des Chefs vorher gehört und eigentlich dann diese wiedergegeben. Es brachte mir etwas Huld und Gnade ein. Dann beging ich wohl meinen zweitgrößten Fehler: Es gab ein Problem im Konzern. Eigentlich ein technisches, naturwissenschaftliches. Es wurde diskutiert und ich redete mit, weil ich mir einige wohl wichtige Details angelesen, sogar durchgerechnet und überprüft hatte. Natürlich wurde regelrecht gelacht und man beschied mir solche „nicht ganz wissenschaftlich korrekte Ansichten", einer sagte schwachsinnige, für mich zu behalten. Ich behielt sie nicht für mich, sondern brachte meine Fakten wo ich konnte vor. Der Chef und alle waren dagegen. Nach mehr als einem Monat wurde das Problem gelöst, genau in der von mir empfohlenen Weise, was man im Konzern auch wusste. Seitdem wurde ich geschnitten, ignoriert und wo es ging diffamiert. Nur einer der Kollegen, Professor U. nahm mich einmal beiseite, legte mir die Hand auf die Schulter und meinte: „Die Kollegen verzeihen ihnen jeden Fehler, den Sie begehen und sollte er noch so schwerwiegend sein. Aber keiner wird Ihnen verzeihen wenn sie Recht behalten. Eine öffentliche Niederlage oder das Offenlegen einer Schwäche, das Unrecht des anderen, verzeiht Ihnen niemand. Machen Sie Fehler, aber behalten sie nie Recht."

Ich hatte gelernt. Zwei wichtige Erkenntnisse hatte ich gewonnen und behalten: Nie Recht behalten und wenn man es zehnmal beweisen kann, es sei denn, man ist der absolut Stärkere und dann spielt es sowieso keine Rolle, ob man Recht hat oder nicht. Dann kann man auch Unrecht durchdrücken.

Und nie seine Herkunft offen legen und wäre sie noch so gering, so hoch, so anständig und lauter oder mit einem Makel behaftet. Wer einmal Knecht war, Diener, wird es bleiben und wäre er noch so klug. Er wird, und sei es hinter vorgehaltener Hand, immer Parvenü, Prolet, oder „ach, tatsächlich der" bleiben und wäre er der Boss aller geworden. Sobald er nur eine offene Stelle und wäre es Ehrlichkeit, zeigte, würde man ihn zu Fall zu bringen versuchen oder wenigstens zu erpressen. Wer Fürst oder König war, wird es auch bleiben. Dafür sorgen schon die Knechte.

Deshalb war mein größter Fehler, und zwar ein nicht korrigierbarer, meine Herkunft. Ich weiß leider nicht mehr wer es sagte: „Hüten Sie sich vor Menschen, die sagen, sie seien einfacher Herkunft. Es stimmt." Es stimmt wirklich und ich weiß das und habe es mir gemerkt. Vielleicht habe ich zu spät daran gedacht zu schweigen und manches stand ja auch in einer Personalakte. Aber da konnte man, wenn man daran dachte, schon entsprechend formulieren. War der Vater Briefträger, konnte man einen „höheren Beamten" oder einen „Bezirksverwalter" aus ihm machen, „Advisor im Hüttenwesen" war eleganter als Vorarbeiter im Walzwerk, wobei Vorarbeiter ja schon eine gehobene Position war. In jedem Beruf gab es die Herkunft als Kriterium des Ansehens und des Erfolgs. Ein Freund, Arzt, erzählte von seinem Examen. Der Herr Professor fragte: „Was ist Ihr Vater?" – es hatte mit dem Examen nichts zu tun, aber so wurde gefragt - „Mein Vater ist Bäcker, Herr Professor". „Ihr Vater ist Bäcker? Und warum sind Sie nicht auch Bäcker geworden? Da hätten Sie doch auch einen weißen Mantel anziehen können!" „Und was ist Ihr Vater?" „Mein Vater ist Arzt, Herr Professor." „So, Ihr Herr Vater ist Arzt?"

Und wenn niemand die eigene Herkunft kennt, man sich im erlauchten Kreis gewandt bewegt, dann spürt man das im Nacken: „Das von unten kommen". Es haftet einem an wie ein Buckel, wie ein Klumpfuß. Und wenn man sich zehnmal ungezwungen, frei glaubt, den Buckel durch aufrechte Haltung kaschiert, den Klumpfuß verdeckt: Man weiß, dass man ihn hat. Gustavs Herkunft war ja auch nicht so großartig. Und jetzt: Einladen nach Zürich, in die Oper! Ob sein Vater jemals in einer Oper war? Meiner? Das gab es ja früher nicht. Es ist nur seltsam, dass ein großes Opernhaus in der Stadt war. Aber wer ging da hinein? Niemand, den man kannte. Und was wusste man von der Oper? „Da wird nur gesungen, in der Operette wird wenigstens dazwischen gesprochen". Daran orientierte man sich und ging dann nirgends hin. Ein Verwandter von Gustavs Frau soll Landtagsabgeordneter gewesen sein, ganz früher. Er sei aber nur ein einfacher Arbeiter gewesen. Im katholischen Gesellenverein und im Kolpingswerk habe er sich dadurch hervorgetan, dass er die Meinung des Pfarrers den Proleten übersetzte. Da hat man ihn für das Zentrum in die Politik geschickt. Aber man hat nie vergessen woher er kam, auch wenn er einmal dem Ministerpräsidenten die Hand geben durfte. Unter Hitler verschwand er dann in der Versenkung. Er war ja schon älter, betrieb noch ein paar Jährchen sein Handwerk und bekam schließlich seine Rente. Und als man ihn nach dem 20. Juli 1944, wie viele ehemalige Politiker der längst nicht mehr existierenden Opposition verhaften wollte, war er, durch Zufall nicht zuhause und dann hatte man ihn vergessen.

Vergessen hatte man ihn auch nach dem Krieg. Er war ja nur ein einfacher Arbeiter gewesen. Warum Gustavs Frau mit diesem Vater immer so angibt, ist unverständlich.

Ach, bei dem Don Giovanni fällt mir ein, in einem Werk über Lorenzo da Ponte gelesen zu haben, dass es damals nur zwei Möglichkeiten gab in der Gesellschaft einen Rang einzunehmen: Man musste von Adel oder Priester sein. Gut, in der Zeit Mozarts und da Pontes. Aber heute ist dies nicht mehr so. Jeder kann alles werden. In USA allerdings hat jemand, der nicht mehrfacher Millionär ist keine Chance jemals Präsident zu werden. Wer will das aber schon? Ob Gustav jetzt Millionär ist? Er war doch etwas beleidigt, als ich ihm sagte, dass ihm eine persönliche Einladung, eine auf eigene Kosten, doch etwas zu teuer sein werde. Vielleicht habe ich ihn da unterschätzt, finanziell. In den nächsten Tagen, möglicherweise morgen schon, werde ich ihn anrufen. Ich weiß ja nicht mal ob das auch gute Karten sind. Mal sehen. Und dann steht er womöglich wieder vor mir: Längst nicht mehr mein Chef, aber huldvoll lächelnd, mit dem Champagnerglas in der Hand und neben ihm seine Frau, nein, seine Gattin, seine Gemahlin.

„Meine Verehrung, gnädige Frau“.

Dieser alte, verdammte Chef, der kaum mehr verdient hatte als ich zuletzt, wobei es bei uns ja nicht Verdienst hieß, der kann nicht in Zürich sein, weil er kaum mehr ein Champagnerglas halten kann. Dass mich das immer noch so ärgert. Ist und war doch längst vorbei. Damals, nach nicht ganz einem Jahr nahm ich die Gelegenheit wahr, in etwa gleicher Position in ein anderes Werk des Konzerns zu wechseln. Der Start war etwas leichter, zumal ich mich weder vorstellen noch qualifizieren musste. Man wusste längst alles über mich.

Leporellos Gesicht ist plötzlich vor mir, hager, hager wie die ganze Gestalt des László Polgár. Er plappert vor sich hin oder besser, er plappert vor seinem Herrn, um seine Angst, seine Abscheu, seine Ratlosigkeit zu verbergen. Es ist ein Secco-Rezitativ, aber ein mozartisches! Nicht immer die gleichen Cembaloakkorde wie seit Glucks Zeiten. Nein, man weiß wer singt, wann und wie der aufgeregte Leporello und wie der lässige, überlegene Don Giovanni singt, der die fast noch brandheiße Affäre mit Donna Anna und dem Mord am Komtur kaum hinter sich hat und schon wieder Weiberduft wittert. Aber nun ist Leporello allein mit Don Giovanni. Einmal muss er ihm die Meinung sagen, deutlicher als er es schon hat. Aber vorsichtshalber lässt er Don Giovanni schwören, ihn anzuhören und ihn nicht zu strafen. Don Giovanni schwört. Und was sagt Leporello? „Euer Leben gleicht auf ein Haar – dem eines Schurken." So deutlich hätte ich mich nie getraut meinem Chef, welchem auch immer, die Meinung zu sagen. Man ist ja als kleiner Diener, früher, schon wegen winzigster, kleiner Bemerkungen geflogen. Eine Gnade war schon, wenn nur kam: „Wenn es Ihnen nicht passt, können Sie ja gehen." Es hat einem dann immer gepasst. Und wie ging es Leporello als er das von dem Schurken gesagt hatte?

Don Giovanni: „Ha, Vermessner! Welche Sprache!

Leporello: „Wo bleibt der Schwur?

Don Giovanni: „Ich weiß von keinem Schwur. - Schweige… wo nicht…

Leporello: „Ich schweige still, wenn Ihr es so befehlt.

Ich war an einem Theoretischen Institut der Universität. Meine Karriere schien Formen anzunehmen. Nun gut, ich hatte ein Tutorium, hatte die Studenten zu unterrichten. Praktika am Theoretischen Institut. Es war im Frühjahr 1968. Die Studenten revoltierten. Von den etwa sechs Tutoren hatten wohl alle außer mir große Schwierigkeiten mit ihnen. Sie mussten Autorität zeigen, modern sein und deshalb große Sympathien mit den Studenten an den Tag legen. Gewiss hatten sie es schwerer als ich, insofern, als sie entweder noch sehr jung und unerfahren waren oder aus einem völlig anderen Fachgebiet kamen. Es gab Testate, das hieß, dass die Studenten nicht nur den Stoff beherrschen sollten, was oft bei den Tutoren nicht der Fall war, weil sie stets unvorbereitet waren, sondern sie, die Studenten, mussten natürlich auch anwesend sein. Dann kam ein Streik. Vorlesungsstreik der Studenten mit Demonstration in der Stadt.

„Wir können morgen nicht ins Praktikum kommen“ wurde mir erklärt, „da ist Streik und da bekommen wir doch keine Null in die Anwesenheitsliste? Das ist in jedem Praktikum, bei den anderen Herren so“. „Bei mir nicht“ sagte ich. Dann erklärte ich den Studenten den Zweck eines Streiks. Mit dem Schaden an der eigenen Person muss man die Obrigkeit, welche auch immer, zwingen, das Streikziel zu akzeptieren und eine damit verbundene Forderung zu erfüllen. Im Hungerstreik kann man sich nicht satt essen. Ich hielt mein Praktikum wie vorgesehen ab, die meisten Studenten kamen ohne Murren und Angst, es gab keinen Tumult wie in den anderen Praktika. Und nach über dreißig Jahren traf ich ganz selten seriöse Damen und Herren, die sagten: „Wissen Sie noch, damals im Praktikum bei Ihnen?" Aber hatte ich nicht im Auftrag meines Herrn gehandelt, der auch nur autoritär war? Und mein Herr?

Die Studenten hatten mit Sitzstreiks die Zugänge zur Universität, zu den Technischen Instituten blockiert. Einer der Professoren, Chemiker, bespritzte sie mit Buttersäure. Die Studenten drohten die Institute zu stürmen. Der Chef und alle Mitarbeiter, die Tutoren, waren sich einig: Wir verteidigen das Institut. Mit Tischen verrammeln wir die Türen. Aber man gab auch zu verstehen, dass die Forderungen der Studenten nach Reformen keineswegs abwegig waren. Auch wir in den Instituten, an der gesamten Universität, wollten Reformen. Selbst der Chef gab sich progressiv. Es wurde ein Institutsrat gegründet. Dieser hatte zum Beispiel darüber abzustimmen, wer als nächster zur Habilitation dran war. Der Chef, auch im Rat, konnte sogar überstimmt werden. Der Chef, leutselig, kollegial, war bei allem dafür. Die Studenten mussten in die Ferien. Es konnte kein Streik mehr stattfinden, auch nicht für das unterdrückte Volk von Kambodscha, das Kambuchea hieß und das man im Zug der geplanten Reformen, die oft einen maoistischen Unterbau hatten, in die Demos und Streiks mit hereinnahm. Und als die Ferien vorbei waren, war sowieso irgendwie die Luft heraus aus allem. Zwar keine Reform, außer dem was man sowieso getan hätte, kein Streik, keine Gefahr. Der Institutsrat schlug den Kollegen H. zur Habilitation vor. Der Chef sagte nein.

„Aber Sie haben dem doch selbst zugestimmt, was der Rat beschließt" sagte man ihm. „Was soll ich haben? Wem nicht passst was ich anordne, der kann gehen.“ Das war es. „Jawohl, Herr Professor“, so hieß es. Eigentlich war die ganze Angelegenheit, der Streik, ein bisschen Revolte, ein wenig Schielen nach leichterem Vorwärtskommen oder der Versuch, die Selbstaufgabe, das Buckeln, möglichst gering zu halten, doch sehr klein. Die achtundsechziger Revolution wurde am ersten von denen so genannt, die glaubten überhaupt etwas oder sogar viel erreicht zu haben. Gewiss, von einigen wurde etwas erreicht. Nur waren diese nicht da, wo ich gerade mitlief, keineswegs mitwirkte. Diejenigen, die in einer „Vollversammlung“, im vollen Hörsaal laut aus der Masse heraus riefen, dass sie „für diesen Scheißstaat“ keinen Finger mehr krumm machen, die sah ich als erste, nach wenigen Monaten mit umgehängter Leica, dem neuen, vom Vater gespendeten Auto entsteigen. Ich war froh, dass man es keinem Chef erzählt hatte, was ich im Praktikum den Studenten klar machte, dass sie mit ihrem Geschrei nichts erreichen: „Sie müssen denen, die Sie jetzt so hassen, die angeblich oder tatsächlich Ihre Reformen blockieren, das Dach über dem Kopf abbrennen, und zwar tatsächlich. Sie werden sonst nie etwas erreichen“. Sie lächelten nicht einmal die Studenten. Einer, der erst über den Streik redet, dann tatsächlich eine Null in die Anwesenheitsliste einträgt und so utopische Reden hält, der war keineswegs einer der ihren, der war allenfalls ein zu ignorierender Fantast. In Frankfurt am Main, da gab es Revolten, Straßenschlachten, Hausbesetzungen. Ein Joschka Fischer, der uns damals kein Begriff war, der war wohl dabei. Später hat man es ihm verübelt und vorgehalten, ihm immer wieder eines auszuwischen versucht. Es waren meist diejenigen, die aus der Ferne am lautesten schrien und am ersten wieder selbst das von ihnen gehasste Establishment bildeten: Unsere heutigen Politiker und deren Kinder.

Aber, er hat etwas erreicht, dieser Joschka. Nicht, dass er Umweltminister in Hessen, dort, wo er seine Schlachten schlug, und später Bundesaußenminister wurde, das war allenfalls ein Nebenprodukt seiner Arbeit, nein, er hat ein neues Denken, zumindest in einem Teil des Volkes eingeführt. Vielleicht war er der Realpolitiker, der begriff, dass man ein bisschen Gewalt braucht, um Angst zu erzeugen. Sonst ändert sich nichts. Und er blieb der Realpolitiker, der auch begriff, dass man nicht alleine mit dem Stricken von Wollsocken im Parlament und dem Verzehr großer Schüsseln voll Müsli, ein Volk vom ergebenem Gehorsam den alten schwarzbraunen Christnazis und den Ideologien herunterleiernden Roten gegenüber, wegbringen könnte. Und es gab später noch die Utopisten, die glaubten, mit dem Abschuss eines Bankpräsidenten, einiger Politiker, unter spektakulären Umständen, einen noch nicht einmal utopischen Staat erzeugen zu können. Bader-Meinhof, die gesamte Rote Armeefraktion, RAF, sie hatten eine Utopie und sie wussten das von der Gewalt, von dem „Dachabbrennen über dem Kopf", aber sie hatten keine Geduld, keine Schläue und sie waren eben keine Realisten, nur Utopisten. Das Volk hatte Angst und keine Solidarität mit den Gewaltrevolutionären, zumal man ihm sagte, dass die Welt aus den Fugen sei, wenn es schon die Oberen erwische.

Natürlich hatten wir leicht reden, damals, Gustav und ich. Wir waren beide im Establishment, waren es selbst, wenn wir auch nur die sehr kleinen Figürchen darin waren. Nur war uns das gar nicht bewusst. Im Übrigen wussten wir auch kaum etwas von einander. So ab und zu hörte man: Der macht jetzt das oder er ist dort groß eingestiegen. Erst später, bei einem organisiertem Treffen der Ehemaligen, erfuhr man mehr von einander. Beide hatten wir Töchter mit Frauen, die wir, ich in Sturm und Drang, ohne jede Überlegung, Gustav mit sorgfältiger Planung, geheiratet hatten. Es war eigentlich schade, die Zeit, die die meisten Freiheiten versprach, so bürgerlich, so konventionell herumgebracht zu haben. Aber, das war wieder die niedrige Geburt, bei uns beiden. Viele andere, die mit uns aufgewachsen waren, aber in etwas besseren Kreisen natürlich, auch wenn sie dies nur glaubten, die taten sich leicht. Lange bevor wir meinten zum Establishment zu gehören, als wir nichts waren, da hatten die anderen schon ihre Verbindungen oder waren in ihnen. Man war wieder stolz auf Schmisse im Gesicht. Man hatte Weiber, selbstverständlich junge Mädchen, deren man sich bedienen konnte, denen gegenüber man aber keineswegs verpflichtet war. Nur wenig später, so zum Beispiel, hatte Rudolf eine nicht schlechte Partie gemacht. Den Posten des Generaldirektors einer Weltfirma hatte er vom Vater übernommen – natürlich hatte er nach einem Jurastudium zunächst als Direktor begonnen – dann aber, als eine sehr reiche Frau in seinem Kreis auftauchte, hatte er eben diese genommen. Die Kleinigkeit, dass sie bereits mit einem Fabrikanten verheiratet war, und er selbst natürlich auch, ließ sich doch regeln. Und die frühere Frau, auch aus diesen Kreisen? Sie war verletzt, stolz und brütete Rache. Ich kannte und kenne sie nicht, diese frühere Frau, die spätere schon, eher durch Zufall, aber ich kann mir schon vorstellen, wie sie sich durch diesen Windhund gedemütigt fühlte.

Ob sie so war wie diese Cecilia Bartoli? Ich kann mir gar nicht vorstellen, dass sie kein Verhältnis zu diesem Don Giovanni hatte. In echt meine ich das natürlich nicht. Aber wie kann man so singen, so eruptiv und doch so rein und gewaltig die Anklage und Klage einer betrogenen Frau hervorbringen? „a sedurre il cor mio", "Mi dichiari tua sposa". "Mein armes Herz zu betören", „Du nanntest mich Gattin", ja, da Ponte kennt die treffenden Worte. Und Mozart? Er lässt sie singen, dass sogar ein Leporello staunt. Und was kommt dann? Der feine Herr verduftet und verspottet dabei seine Ehemalige noch. Gewiss, kein sehr schöner Zug wird man sagen. Aber die hohen Herren eben, die nehmen sich das heraus. Bei den einfachen Menschen gäbe es so etwas nicht. Meint ihr wirklich?

Das sehen wir ja, nein, wir hören es! Wunderbar. Zwar tröstet er noch ein wenig: Lasciate che vada, lass ihn laufen. Aber dann kommt: „Madamina, schöne Donna, dies genaue Register, es enthält seine Liebesaffären"....Kann man schöner, eleganter spotten? Kann man schöner, in Achtel, auf- und absteigend, fast hören wie die Mädchen purzeln? Auch feierlich werden sie zur Strecke gebracht, wenn es ernst und vornehm, majestätisch sein soll. Welche Frau wäre nicht geschmeichelt, wenn so ein hoher Herr sie beglückt. Und nackt unterscheidet man sich nicht von einer Königin, die auch nackt ist. Man muss es nur gesagt bekommen, vom einfachen Mann auf der Straße, oder man kann es in einer Zeitung lesen, am besten noch mit Bild dabei. Leporello hat alles aufgezeichnet: Ein Skandälchen nach dem andern, und wir warten schon auf das nächste.

Es kommt: Leporello richtet seinem Herrn die bäuerliche Zerlina so richtiggehend zu. Und diese kleine, geschmeichelte Ziege? Man könnte es fast verstehen, bei dieser Musik! „Reich mir die Hand mein Leben“ und „so Dein zu sein auf ewig“? Nun, Masetto hat den Braten oder besser, das verdorbene Fleisch gerochen. Aber er wird weggeschickt, muss fort, auch wenn er nicht will. Auch Leporello muss fort! Will er denn nicht? Jedenfalls hält er seinem Herrn die Hände oder sonst etwas frei, indem er das Volk, die Bauerntölpel, beschäftigt und informiert und ihnen den Wein gibt, den sie letztlich selbst bezahlten. Er ist der Parteisekretär, der erklärt, was der mit dem Regieren beschäftigte Boss eigentlich will. Das feine Zerlinchen jedoch wird überzeugt, von einem Edelmann, dass es viel zu schade für einen Bauerntölpel sei. Don Giovanni macht’s möglich. Und ist es nicht eine Gnade, eine Huld, von einem Edelmann, einem Fürsten, aufs Kreuz gelegt zu werden? Das mit Kreuz und Fürst ist schon richtig so. Wegen des jus primae noctis (hier geht es mal nicht um den Figaro) mussten noch im 17. Jahrhundert alle jungen heiratswilligen Mädchen, aus Veitshöchheim etwa – natürlich aus anderen Orten auch – beim Fürstbischof von Würzburg, der auch weltlicher Herr war, antreten. Man könnte eher sagen: anliegen. Und was glaubt ihr? Die Einwohner von Veitshöchheim sind heute noch stolz und werben damit, Fürstenblut in den Adern zu haben. Sollen sie.

Die Geschichte mit den Fürstbischöfen stimmt. Aber, das waren doch auch hohe weltliche Herren, die Bischöfe. Und hat das Volk darunter gelitten? Moral? Ein Freund erzählte mir, dass er nicht allzu weit weg von Veitshöchheim, in das

Refektorium eines Nonnenklosters musste. Dort lag – es ist nun allerdings mehr als 40 Jahre her, die „Bildpost", ein katholisches Blatt, das das Niveau in seinem Namen nicht etwa von der Post ableitete. Dort stand, da es um den möglichen Deutschen Kanzler ging: „Wer ist Willy Brand? Ein lediges Kind!" So eine Schande, und der wollte Kanzler werden! Seine Mutter war sicher nicht in der Diözese eines Bischofs, als ihr das mit dem Kind passierte. Hätten wir ein Fürstenkind, aus Veitshöchheim etwa, zum Kanzler bekommen, ja dann?

Nun gut. Zum Glück kommt in der Oper Donna Elvira und verhindert die Freude des edlen Herrn. Dass man bei so viel Dramatik noch so schön singen kann, unglaublich! Und es geht so weiter. Leporello trägt seinem Herrn auch weiter zu, selbst als dieser als der Mörder des Komtur von Donna Anna entlarvt wird. Doch was soll das alles? Ist doch nur herrliche Musik, mit prächtigen Stimmen, warum wieder das Schlechte bei allem suchen? Also gut, lassen wir die Musik wirken. Dieser Da Ponte hat ja nur so Verwicklungen beschrieben, zu denen das Auftreten von Donna Elvira, Donna Anna und Don Ottavio, in Masken alle, beitragen. Es ertönt auch ein Mal der Ruf nach Libertà, nach Freiheit, doch wen interessiert das? Allenfalls wird man später rätseln, welche Freiheit und für wen da gemeint ist. Ist doch egal. Leporello hat alle Hände voll zu tun, um Masetto von Zerlina fernzuhalten, an die sich sein Herr wieder heran macht. Und dieser Mozart schreibt dann dazu eine Musik, für die es keinen Ausdruck gibt. Drei verschiedene Gruppen, Don Giovanni und Zerlina, die drei Masken und Leporello und Masetto tanzen. Und für jede Gruppe gibt es ein eigenes Orchester auf der Bühne, eine eigene Musik in ganz verschiedenem Takt, Menuett, Kontertanz und Deutscher Bauerntanz und alles fügt sich wunderbar zusammen. Hätte Mozart hier aufhören sollen zu komponieren? Eine blödsinnige Frage. Er hätte sich und uns um ein großartiges Finale gebracht. Gewiss, großartiges Finale, musikalisch. Die Parteien stehen sich gegenüber und singen und keiner tut etwas. Es ist Wahlkampf.

Ich habe natürlich auch den zweiten Akt angesehen. Man kann sich ein Bier holen und sonst noch einiges erledigen in der Pause. Längst steht man ja nicht mehr vor dem Fernseher. Der Sessel ist zurechtgerückt, ein Hocker, auf den man die Füße legen kann steht bereit. Es kann wieder losgehen. Man hört und staunt. Doch was soll das? Sich wieder aufregen? Jede Szene einzeln kommentieren? Mitnichten. Nur zuhören. Schöne Musik. Leporello will ja seinem Herrn Adieu sagen, aber das geht wieder schief, wie man in einem Seccorezitativ erfährt. Secco heißt trocken. Und so trocken steckt auch Leporello das Geld ein, das ihm sein Herr sozusagen als Schmerzens- und Bestechungsgeld zahlt. Wenn nur diese Bartoli nicht so verdammt gut, so dramatisch, so sauber, so wunderbar sänge! Ihre Elvira schmeißt sich nochmals an den Don Giovanni ran, will ihn retten, auch moralisch. Doch sie ist wieder die Gelackmeierte – so ein blöder Ausdruck – und bemerkt schließlich, dass sie mit Leporello anstatt ihres endlich treuen Gatten redet. Nun gut. Leporello mimt seinen Herrn bei einer Frau, die nicht die seine ist und er kann das, weil er sich ja genug abschauen konnte, wie man Schweinereien begeht. Er wird von Zerlina beschimpft und gefesselt. Er wird, verkleidet als sein Herr, beinahe erschlagen. Er macht alles, weil er es so muss, der Diener, der Schleimer von Beruf.

Macht nicht das Volk auch alles, was es soll? Gewiss, es gibt sich empört und es stimmt zu, im Parlament, weil es die Parteien, die es gewählt hat, die nun tun, was sie wollen, wieder wählen wird. Es hat ja auch etwas erhalten: Weniger Inflation vielleicht momentan, weniger Arbeit, mehr Krieg, wie Leporello. Und Leporello ist ein Schuft, denn er segnet letztlich alles ab, was sein Herr, der Genießer, dem das alles Kraft des Adels, der Macht, des Stimmenanteils, der Korruption, des Reichtums, zusteht. Wenn diese Musik nicht wäre, diese wunderbare, die nur mitfiebern, nicht mitdenken lässt, es wäre nicht auszuhalten. Na gut. Vielleicht ist das wieder typisch, von mir, nicht von Mozart oder Da Ponte: Alles in eine Pfanne hauen. Aber es gibt doch, abgesehen von dem schicksalsmäßigen, mystischen Finale mit dem Komtur, einen Gegenpart zur Verruchtheit eines Leporellos und eines Don Giovanni, zur Blödheit eines Masetto, einer Zerlina und einer Donna Elvira? Sicher, das gibt es: Don Ottavio. Da Ponta hat ihm einige kurze Strophen voll Zaudern, Inbrunst und Mitleid geschrieben. Und was hat Mozart gemacht? Kann ein Komponist, kann Mozart eine Figur seines Librettos hassen oder verachten? Nun, er hat ihm die süßesten Arien geschrieben, die es gibt. Zuerst musste er, Don Ottavio, singen, wie er sich nur ihrem Frieden, dem Donna Annas, weihen will, dann: Folget der Heißgeliebten und schließlich, wie er nochmals versucht das Trauerjahr seiner Donna Anna um ihren Vater, zu verkürzen. Das sind so Rampenarien, die süßlich das Unvermögen ausdrücken. Der Mann, Ottavio, könnte Staats- oder Bundespräsident sein. Schön singen, aber nichts zu sagen, nichts zu handeln haben. Kann man ein

Nichts in lieblichere Musik fassen, ja erst zum Nichts machen? Mozart kann es.

Wenn Ihr genug habt, von Mozart, von Da Ponte und mir, was durchaus nicht heißen soll, ich wäre die dritte, große Gestalt dabei, dann könnt ihr die Musik abdrehen, braucht Euch um keinen Text mehr zu kümmern und hört auch von mir nichts mehr. Aber vielleicht können wir das Finale noch hinter uns bringen. Hinter uns bringen? Wäre eigentlich schade, denn das ist Theater, Theater, großes Theater. In der Musik, in der Handlung, in deren Zusammenspiel.

Nun, man hat sich auf den Friedhof geflüchtet, Leporello und Don Giovanni. Die Bühne ist dunkel, die Musik auch. Und dann kommt die Szene mit der steinernen Statue des Komturs. Auf die Verhöhnung durch Don Giovanni und die Einladung zum Mahl, nickt die Statue mit dem Kopf. Sie hat vorher schon gesprochen. Und das Volk, Verzeihung, Leporello, schlottert vor Angst. Doch was macht er? Er führt getreu alle Befehle seines Herrn aus. Schlotternd, aber er tut es. Es ist eben beinahe Krieg. Was will man machen? Ich habe doch nur die Befehle meines Herrn ausgeführt, wird Leporello sagen. Ich hab ihm gedient, schließlich ist er mein Herr, sollte ich deshalb ein Schuft sein? Ja, ganz gewiss.

Und was ist im Theater, kurz vor dem Schluss wichtig? Das retardierende Moment. Man tafelt nochmals bei heiterster Musik. Das ist kein Lückenfüller, der nur auf den großen Crash vorbereitet. Beide wussten das, Da Ponte und Mozart. Da lässt man den hungrigen Leporello vom Essen seines Herrn klauen, ihn fast daran ersticken. Und der Herr weiß das und amüsiert sich. Muss man das wieder umdeuten? Nein, es spricht für sich selbst. Wenn die Bartoli dann diesen letzten Rettungsversuch der Seele des Don Giovanni nicht so schön sänge! Was hat sie davon? Erst wird sie verhöhnt, sie könnte ja mit essen wenn sie möchte und schließlich wird sie zu Tode erschreckt, als sie den Steinernen Gast als erste sieht.

Nun gut, den Rest kennen wir. Ta, ta, ta, ta. Der Komtur kommt herein. Leporello hat wieder sozusagen die Drecksarbeit zu verrichten und tut dies auch, wenn auch mit Angst. Dann diese Musik: Auf und abschwellend ist wohl laienhaft ausgedrückt, doch wie soll man Mozart beschreiben? Eine dramatische Höllenfahrt, eine dramatische Hölle, die man, bei dieser Musik eher schön, erlösend findet. Freilich erlösend muss auch ein Theaterschluss sein. Die drei Helden, Don Ottavio, Donna Anna und Donna Elvira treten erstaunt nochmals auf. Ja, ist denn die ganze Geschichte schon vorbei, fragen sie sich? Leporello erklärt es ihnen. Man muss ja auch nach einem Krieg, sei es der Dreißigjährige, der Siebenjährige oder ein anderer, vom Volk erklärt bekommen oder es dem Volk erklären, was eigentlich war. Davon haben wir doch gar nichts gewusst, werden alle sagen. Ja wenn wir das gewusst hätten? Die Musik dazu ist wunderbar. Die Dramatik ist heraus. Es ist eine Musik nach Art des Hauses, der Zeit, der Situation angepasst. Don Ottavio schleimt sich ein letztes Mal an seine heißgeliebte Donna Anna heran, aber es wird nichts daraus. Leporello hat gedient. Er konnte ja nichts dafür. Nur was ihm befohlen wurde, hat er gemacht. Nie hätte ein solcher Diener nicht das getan, was er musste. Ist so jemand ein Schuft? Ist er nicht in Wirklichkeit ein Ehrenmann, der

Souverän? Und was tut ein Ehrenmann? „Er geht ins nächste Wirtshaus und sucht sich einen bess'ren Herrn".

Ich habe alle bewundert und applaudiert. Ja, zu Hause, vor dem Fernseher. Alle haben sich vor dem Vorhang verneigt, auch Harnoncourt, den man, wie üblich auf die Bühne geholt hat. Sie haben sich, die Künstler, alle bedankt, für den Applaus. Eigentlich mussten ja wir uns bedanken. Ich hatte kein Bier dazu getrunken, zu dieser Aufführung. Vergessen. Es war zu schön. Übrigens, Gustav ist ein wenig beleidigt, weil ich doch seine Einladung nach Zürich nicht angenommen hatte. Vielleicht hätte mir ein anderes Stück, ein leichteres, besser gefallen, meinte er. Vielleicht, wenn er wieder einmal Karten bekäme.

Er hört Buchbinder

Am Freitag den 3. August 2007 waren wir zum Besuch eines Konzerts eingeladen. Freunde hatten uns eingeladen. Das Konzert, so hieß es, findet im Festsaal König Maximilian II. im Alten Kurhaus in Bad Reichenhall statt. Ein spätklassizistisch, biedermeierlicher Jugendstilbau, durchaus für ein Märchen geeignet. Man geht, nein schreitet, am Abend hinein, auf die Marmortreppe zu, von der, fast wie in einem Barockschloss, an der Basis zwei Treppen hinab zur Garderobe und zwei nach oben, zur Ebene des Saales führen. Natürlich ist hier alles voll von Menschen, die auch in das Konzert wollen, aber, man musste sich die Augen reiben. Jedenfalls ich musste es: Stiernackige Gnome mit roten Gesichtern, denen man eine Metzgerschürze umbinden wollte, standen da herum und plauderten meistens mit ihresgleichen. Sie steckten in sündteuren Trachtenanzügen, deren lange Hosen mit den dezent dunklen, breiten Streifen an der Seite, doch passender waren als kurze Hosen mit Wadelstrümpfen. Die Herren waren etwas in der Überzahl, aber selten waren die Damen nicht, eher seltsam. Dass sie, die zu den Männergrüppchen gehörten, zu allermeist Dirndl trugen, wäre ja nicht aufgefallen, aber dazu eben die Gesichter und die Hälse. Das Fett, das sie zum Ausbügeln der Falten, besonders am Hals, gebraucht hätten, steckte offensichtlich im Nacken der Herren. Es gab viel Klunker über den modegerechten Ausschnitten über der Brust, meist das, was die Herren als Charivari über dem Bauch trugen. Nun gut, vielleicht war weniger Charivari über den Bäuchen, weil man ja auf keinem Bauernmarkt war, sondern ins Konzert gehen wollte.

Man redete laut, selbstbewusst, die Frauen meist mit den landeseigenen, kreischenden Gutturallauten, die Männer oft mit kurzem, scharfem Auflachen. Weil alle in Grüppchen standen fiel es bei dem allgemeinen Lärmpegel weniger auf, wenn in einem Grüppchen plötzlich die Sprache zum Tuscheln mutierte, man die Köpfe noch weiter zusammensteckte und dabei von unten her Blicke auf die Nachbargruppe warf. Das Ritual, lachen, Köpfe zusammenstecken, tuscheln und Blicke von unten her auf die anderen zu werfen, wechselte von Gruppe zu Gruppe, das heißt, ging reihum.

Einige der Herren hatten Sektgläser in der Hand, so dass ich daran denken musste wie der Bayerische Ministerpräsident im Vollgefühl des dann allerdings vermeintlichen Wahlsieges, ein Glas Sekt aufmachen wollte. Eigentlich hätten diese ganzen Kunstenthusiasten eher zu einem Treffen der heimischen, absolut herrschenden Partei gepasst. Stiernacken, hier Gnack genannt, etwas auf den Füßen wippender Gang oder besser im Stand ab und zu ein Hochzucken der Schulter, so dass diese, an den Ohren stehend, den Hals verschwinden ließen, das konnten nur Platzhirsche sein. Obwohl ich glaubte, diese zu kennen, kannte ich keinen.

Nur ich sah etwas aufmerksam und stutzig hin, als plötzlich eine längere, herausragende Gestalt die Treppe herauf kam. Ich kannte ihn von Film, Funk und Fernsehen: Es war Dr. Peter Ramsauer. Ja, gewiss, er war es. Die anderen

Damen und Herren schienen nicht so überrascht wie ich. Einige Damen drehten lächelnd den Kopf zu ihm und er nickte und lächelte im raschen Vorbeigehen zurück. Die Herren lächelten ebenfalls, wenngleich es eher einem Fletschen der Zähne gleichkam. Man schien sich sehr gut zu kennen. Nun ja, er war Landesgruppenchef der CSU in Berlin und anscheinend, der Kultur wegen hierher geeilt zu sein. Nun wusste ich auch was die Damen und Herren waren, sie waren Parteifreunde. Weil ich selbst in keiner Partei bin, war ich etwas erleichtert, dass diese nicht zu meinen Parteifreunden gehören können.

Es gab keinen Gong oder keine Klingel, die den Beginn des Konzerts ankündigen und die Besucher in den Saal hätte bitten können. Ein Herr mit Schnurrbart, in einem Anzug zwischen Feuerwehr und Fremdenführer, jedenfalls mit einem aufgenähten Wappen unter der linken Brusttasche, versuchte zwar ständig mit einem Handy jemand im Untergeschoß zu erreichen, der das Zeichen zum Beginn hätte geben sollen. Er blickte immer erfolglos hinab und hätte wahrscheinlich besser einmal gebrüllt, was man dort als Schroa toa, einen Schrei tun, bezeichnet als mit dem Handy hantiert. Aber alle Besucher bewegten sich allmählich ohne Aufforderung langsam in den Saal. Unterwegs dorthin erstand ich ein Programm.

Meine Frau stieß mich an und sagte, mit dem Kopf in eine Richtung weisend: „Hast du ihn gesehen?“ In dem Knäuel von Leuten sah ich niemand, der mir aufgefallen wäre. Aber dann sah ich ihn. Ein Mann in einem dezenten Anzug, langsam, angedeutet gebeugt gehend, mit einem feinen Lächeln im Gesicht. Es war erfreulich ihn zu sehen, ihn, der sicher nicht hier unter die Stiernacken passte, aber dem gesamten Publikum eine gewisse Würde gab, zumal, ich muss es zugeben, doch noch sehr viele feine Leute zum Konzert gekommen waren,. Es war Otto Schenk. Der Rosenkavalier und das ganze Wiener Theater waren plötzlich da, als der ruhige, alte Herr, wohl von seiner Frau begleitet, auch noch eine jüngere war dabei, vielleicht hat er eine Tochter, zu seinem Platz ging. Zwei Reihen hinter uns, so dass ich mich fast genierte.

Man nahm Platz, las im Programmheft und fuhr fort die Leute durchzuhecheln. Die Gwappelten saßen in den drei Reihen vor uns. Viel Dirndl und Trachtenanzug, nur ohne Hut mit Gamsbart, weil man ja schließlich im Konzert war.

Von einer Seitentüre kam eine Dame herein. Man soll das Alter von Damen nicht einfach so schätzen. Sie mag es mir verzeihen, wenn ich so um die sechzig annahm. Aber was an ihr auffiel, war sie insgesamt, besonders aber ihr Hut. Sie trug ein grünweißes Kleid, das mit Spitzen besetzt und etwas eigenartig geschnitten war. Eine gar nicht kleine Handtasche, mit großen Henkeln, hing am ihrem linken Arm. Königin Elizabeth II. trägt etwas dezentere Taschen, aber vielleicht sind diese auch viel teuerer, als die der Dame. Doch, unter den Damen im Saal trug keine einen Hut, weil man, wie ich mir einmal sagen lassen musste, im Konzert keinen Hut trägt. Aber diese Dame trug, vielleicht um Elizabeth II. zu übertreffen, die dezente trägt, einen auffälligen. Es war ein kleines, schwarzes Gebilde, das, einem Käppchen gleich, auf dem Kopf saß und sehr viel wallendes Haar frei ließ. Aber von dem Käppchen gingen, quasi wie Antennen oder Fühler von Schmetterlingen oder anderen Insekten, schwarze, dünne, knapp Unterarm lange Gestänge aus, die an den Enden kleine Tellerchen oder Blüten in Schwarz trugen. Und im Schreiten der Dame wippten diese Gebilde vom Kopf herab, besonders wenn die Dame huldvoll auf jemanden zuging und ihn begrüßte.

Man raunte, ich glaubte sogar Kichern zu hören. Alles sah der Dame beim Abschreiten der ersten Reihe zu und jemand, direkt hinter mir, sagte, dass dies die künstlerische Leiterin der Festwochen sei. Die Frau Doktor, das war sie, begab sich etwas nach hinten zu bekannten Gästen, als wieder ein Raunen von hinten durch den Saal ging. Dann kam er.

Es war Herr Dr. Edmund Stoiber, Ministerpräsident des Freistaates Bayern. Ministerpräsident war er eigentlich auf Abruf, auf seinen eigenen sogar, aber er war es. Seine Gattin, die Karin, wie so respektlos gesagt wird, begleitete ihn. Nochmals Trachtenanzug und Dirndl. Sie nahmen Platz, ganz vorne links. Einige junge Herren, nicht im Trachtenanzug sondern in ganz normales Schwarz gekleidet, so dass es jedem auffiel, waren hinter den beiden hergegangen und hatten sich in der Nähe des hohen Paares verteilt. Bodyguard.

Die Frau Doktor mit Hütchen kam wieder aus dem hinteren Teil des Saales hervor. Ob sie etwas zu Karin sagte, konnte ich nicht sehen, aber er, der Gewaltige, erhob sich brav und ließ sich von Frau Doktor begrüßen. Da die Begrüßung nur kurz war, gelang es ihm durch geschickte Manöver mit dem Kopf den Antennen auszuweichen. Einige Male wurde er an Nase und Kinn getroffen, jedoch ohne Schaden. Der

Ministerpräsident setzte sich wieder und Frau Doktor entschwand.

Es wurde noch leiser im Saal und etwas dunkler und der große Vorhang ging auf. Ein großer Flügel stand auf der Bühne, aber, irritiert, sah man Zuhörer in Jeans, mit offenen Hemdkragen, Wadelstrümpfen, Frauen in nur als Klamotten zu bezeichnenden Gewändern, gleichsam wie einen Chor, hinter dem Flügel sitzen. Auf dem Klavierstuhl, vor dem Flügel, lag ein Paket. Ich hielt es nicht für sehr rücksichtsvoll, wenn ich annehmen musste, dass der Künstler, der jeden Moment erscheinen wird, erst einmal seinen Stuhl besetzt findet. Aber er kam nicht.

Es kam eine sehr schlanke, hochgewachsene Dame in langem Kleid und mit einem Schal über die linke Schulter gelegt, auf die Bühne. Sie erinnerte mich an eine Maharani, war aber, wie sie selbst mitteilte, die Kurdirektorin des Bayerischen Staatsbades. Sie sprach lange, einführende Worte, nicht zum Konzert, nur so. Sie dankte vor allem Herrn Dr. Peter Ramsauer – es war so warmherzig und vertraut, dass ich dachte, jetzt sagt sie jeden Moment Peterl zu ihm – dass er es geschafft hatte, seinen Freund, den Herrn Ministerpräsidenten, auch hierher zu holen. Natürlich begrüßte und lobte sie auch letzteren selbst und dann holte sie zum großen Schlag aus und sagte, dass sie ein Präsent – Präsent sagte sie wörtlich – für den Herrn Ministerpräsidenten habe. Und dann nahm sie das Zeug vom Klavierstuhl und schritt hinab von der Bühne zu ihm. Ich konnte noch so in etwa sehen, was sich später bestätigte, dass es ein Präsent von der Bauernmolkerei in der Umgebung war, denn später erhielt auch der Künstler, statt der üblichen Blumen ein solches, wahrscheinlich nahrhaftes Paket.

Nun war ich gespannt, wie der gesamte Saal, wenn der Künstler kommt. Rudolf Buchbinder ist es nämlich, der kommen soll. Ich hatte schon einiges vom ihm gehört, ja gesehen, im Fernsehen, ein Klavierkonzert von welchem Komponisten weiß ich nicht mehr, auch der Dirigent des Orchesters ist mir entfallen, aber es war jemand – falls es sich um eine alte Aufnahme gehandelt hatte – wie Leonard Bernstein oder Claudio Abbado, jedenfalls nicht irgendein Nobody. Klar, dass das Konzert gut war, aber das ist, wenn man so etwas an einem Sonntagmorgen zeigt, wohl selbstverständlich. Und schließlich bin ich keineswegs der Fachmann, der sagen kann, das war jetzt gut oder weniger, oder ich hätte diese Stelle wohl anders gespielt, zumindest das Tempo ganz anders gewählt. Nun gut, er soll ein hervorragender Beethoveninterpret sein, so hatte man mir gesagt, und Beethoven spielt er ja heute.

Ich sah mich so im Saal um, in dem ich keineswegs zum ersten Mal war, auf dessen Bühne ich schon gestanden hatte, als Akteur in irgendeiner Sache eben und blickte auch nach oben zur Empore oder zum Rang, wie man es nennen will, weil dieser Rang bis vor zur Bühne reicht. Weil es ganz still geworden war, hörte ich wie von einem Mann oder Herrn, der einzige, der offensichtlich oben saß und mit irgendeinem Gegenstand vor sich hantierte, ans Ohr griff und wieder hantierte, leise Pfeiftöne ausgingen. Hörgerät dachte ich, dann war es still. Der Herr sah herab und ich dachte mir, wenn er nicht schon so lange tot gewesen wäre, hätte ich geglaubt, es sei Ewald Balser, der Burgschauspieler aus Wien.

Dann kam Rudolf Buchbinder. Er trug nicht den üblichen schwarzen Frack mit weißer Schleife, auch nicht das braune Tweed Jackett, in dem er im Programmheft abgebildet war, sondern eine weiße Jacke, Smoking vielleicht? Vom Fernsehkonzert her, an das ich gedacht hatte, hatte ich keine Vorstellung mehr, wie er aussieht. Er war ein gar nicht großer Mann, eher ein wenig untersetzt wirkend und ich schätzte ihn so um fünfzehn bis zwanzig Jahre jünger als ich selbst war. Er verneigte sich von der Bühne herab, aber auch zu den schlichten Leuten, will ich einmal sagen, die hinter dem Flügel saßen und setzte sich.

Ludwig van Beethoven, Sonate C-Dur op. 2 Nr. 3 stand im Programmheft. Ich musste mich überraschen lassen, weil ich nicht sicher war, ob ich dieses Werk so kannte, dass ich sagen konnte, ach diese. Nun, wenn man Beethoven hört, überhaupt so, da weiß man was man bekommt. Der Klavierkaiser, wie er genannt wird, weil er die „Kultaufnahmen" der Klaviermusik herausgebracht hat, auf CD, hat zum Beispiel Artur Schnabel mit der Appassionata dabei. Wunderbar. Beethoven ist eben Beethoven, weiß man. Und schon begann ich mich zu schämen, dass ich anfing zu denken wie man Komponisten sozusagen einstufen sollte: Beethoven, Mozart, Schubert, Tschaikowsky, Liszt, Chopin? Nur ein Idiot stellt diese Vergleiche an. Nun gut. Ich kannte das Opus 2 Nr. 3 nicht. Ich hörte.

Oft ertappe ich mich im Konzert, dass meine Gedanken fortfliegen. Man hört Musik, angenehm, aha, diese Stelle, dann ist man beim letzten Abendessen oder auf der Autobahn. Aber hier? Hier war ich im Konzertsaal in Reichenhall, sonst nirgends. Ich hörte. Ich hörte noch und wieder, Satz um Satz. Und als der letzte mit Allegro assai zu Ende war, schien etwas Schönes vergangen. Nun gewiss, wahrscheinlich noch nie gehört diese Sonate. Neu und interessant. Keine Autobahn, kein Abendessen. Bin gespannt auf die nächste, die Mondscheinsonate, die kenne ich, selbst schon herumgebastelt an ihr, am Klavier natürlich, habe ja keinen Flügel. Aber kenne ich doch: dom dom dom, dom dom dom, dom dom dom, dom dom dom, dom dom dom, dom dom dom, dom, dom dom dom, dom datom und ein wenig so weiter. (Eigentlich sollte ich hier die Noten denken oder sie schreiben, aber wer kann schon gedachte Noten mitlesen und was helfen geschriebene, wenn man sie nicht hört?)

Dann spielte Buchbinder. Entweder hat er andere Noten, einen anderen Flügel, andere Finger, oder ein anderes Gehirn. Nicht dass ich gesagt hätte, das soll die Mondscheinsonate sein? Nein, nur diese ist es! Die drei Sätze waren vorbei und ich fast erlöst.

Pause. Man steht auf, ich wenigstens, etwas benommen. Alles strömt zu den seitlichen Türen, nur ein Paar schiebt sich gegen den Strom, Otto Schenk mit Frau. Ich sehe wie Otto Schenk die Türe, die zum Künstlerzimmer führt, aufmacht und verschwindet. Was er dem Buchbinder wohl sagen wird? Wahrscheinlich kennt er ihn näher. Ich könnte jetzt gar nichts sagen.

An einem Stand in einer Seitenhalle kann man Sekt kaufen. Ich hole einige Gläser, was ich tragen kann, für unsere Freunde und uns selbst. Wir trinken gepflegt, geredet wird, seltsamerweise, nicht.

Jemand stößt mich an, oder hat er mich am Ärmel gezupft? Ich drehe mich um und er lächelt mich etwas verlegen an. Es ist der, den ich für Ewald Balser hielt, der, während Buchbinder spielte, auf der Empore saß.

„Hast du das so schon gehört?“ fragt er.

Ich schüttle den Kopf. Er duzt mich ohne dass ich weiß woher wir uns kennen. Krank sieht er aus, alt, obwohl er, wenn ich ihn genau ansehe, sicher viel jünger ist als ich. Seine Gesichtsfarbe ist fast bronzen, sein Haar weißgrau, nun ja, dazu ist er alt genug. Sein Bauch ist vorgewölbt. Leber, denke ich, Aszites, Wassersucht?

„Ich höre ihn mir jedes Mal an, wenn ich nur kann“, sagt er dann. „Er hat mich begriffen. Dass er sich mit der Technik, wie man heute sagt, leichter tut als ich, will ich gar nicht sagen. Natürlich dieser Flügel. Aber einen solchen haben die anderen auch. Schon das Allegretto in der Siebenundzwanzig und dann der Übergang zum Presto agitato! So habe ich es immer gewollt und auch selbst so gespielt, beim Konzert, zu meinem Vortheile, wie das hieß.“ Er lachte leise, ein wenig verlegen.

„Die meisten machen einen Brei daraus und dann, wenn sie nicht mehr so sicher sind, ein furioses, unsauberes Gehacke.

Mondscheinsonate nennen sie das und verhunzen die Musik zum Mondschleim. Aber heute! Du hast es ja selbst gehört. Das ist die Siebenundzwanzig, die zweite davon. Wenn ich damals diese Dinger schon gehabt hätte" – er deutete auf die Ohren und meinte wohl die Hörgeräte, die er beidseits trug – „Hm, eigentlich habe ich sie immer so gehört, auch ohne diese Dinger. Bis später. Ich seh' dich ja dann noch mal."

Er drehte sich um und verschwand hinter einer Gruppe der vierschrötigen Trachtler.

Ich schüttelte den Kopf und meine Liebe muss wohl etwas bemerkt haben, von dem ich nichts wusste. Jetzt stieß sie mich leicht an und deutete mit dem Kopf in eine Richtung. Dort standen sie. Karin im Dirndl aber mit hochgeschlossener Bluse unter der ein Kragen hervorsah. Aha, Halswirbelsäule dachte ich. Arme Frau. Aber sie lächelte und plauderte charmant mit ihrer Umgebung. Ramsauer und Stoiber standen nebeneinander und noch zwei Herren, die ich nicht kannte. Die künstlerische Leiterin, die Intendantin, kam. Sie ging zu den Herren und begann zu parlieren. Wenn sie zu Stoiber sprach, fuhren die schwarzen Gebilde ihres Hutgestänges dem Ramsauer unter die Nase und Stoiber ging es nicht anders, wenn sie sich Ramsauer zuwandte. Die Ausweichbewegungen der beiden Herren wirkten erheiternd und nicht wenige der vornehmen Damen und Herren in diesem Foyer, betrachteten die Szene mit Genuss. Ich musste an Jacques Tatis Ferien des M. Hulot denken. Auch dort kitzelten die Federn am Hut einer alten Dame diesen unter der Nase, so dass er, unpassend zur Beerdigung, auf die er geraten war, lachen musste. Hinter uns lachten auch einige junge Herren, mit denen sich unsere

Freundin gerade angeregt unterhielt. Es war die Bodyguard, die gleich darauf, zu Ende der Pause hinter und vor dem Präsidentenpaar einher schritt.

Der Saal wurde dunkler und ruhig und Buchbinder kam wieder. Sonate F-dur, op. 10 Nr. 2. Ich kannte sie so wenig wie die erste. Man hätte sie mir als Haydn oder eben, was sie war, als einen mir nicht bekannten Beethoven verkaufen können. Was soll ich da sagen? Von überbordender Heiterkeit ist im Programmheft die Rede. Aber ich will mir gar kein Bild machen, auch kein Gefühlsbild. Diese Musik hätte ich schon immer hören wollen und zwar so. Ich weiß nicht was der Klavierkaiser dazu gesagt hätte. Er hätte sicher – wenn ich einmal sage, er hätte an der Technik und meinetwegen am Klang des Flügels nichts auszusetzen gehabt - von irgendwelchen großartigen und wie auch immer himmlisch, heroisch oder nicht zu empfindenden Momenten gesprochen. Ich kann da nicht dagegen halten, will es auch nicht. Aber gelegentlich geht es mir bei Kritiken so wie es mir im Weinseminar ergeht, das ich im Fernsehen nur sehe, nicht besuche. Da hat der Wein die und die Nase, da ist Pfirsich, Sandelholz, Pflaume, Himbeere, Wacholder und Holunder zu spüren, nur kein Wein. Banause wird man sagen, nicht einmal Barbar oder Plebejer. Wenn er zu dumm ist, soll er nicht damit angeben. Gut, soll er nicht. Nur wenn ich mit den Winzern im Keller bin, bei denen, die in der Fachliteratur, unter den Prämierten, in den Führern an erster Stelle genannt werden, reden wir vom Wein, ob er gelungen ist oder nicht oder weniger, von nichts sonst. Während Buchbinder spielt, war aber nicht an Wein oder an irgendetwas anderes zu denken.

Ich lasse diese wunderbare, feine Sonate nicht über mich ergehen, sondern ich genieße sie. Ich genieße sie ganz rasch, kurz und eben so lange sie währt. Das ist intensiver Genuss. Kaum Applaus nach dem Finale dieser Sonate, denn, ohne lange Pause, ohne sich vom Stuhl zu erheben spielt Buchbinder weiter: die Appassionata.

Natürlich kenne ich sie. Man kennt sie eben. Auch wenn das nichts zum Mitsingen oder Mitpfeifen ist. Buchbinder spielt die Appassionata und doch spielt er sie nicht. Nicht so wie Artur Schnabel, obwohl ich dachte, man könne es nicht besser. Was heißt besser? Buchbinder spielt eine andere Appassionata. Eine wunderbare. Natürlich müsste ich jetzt wieder Noten in einen Text schreiben, aber auch dann könnte man nicht hören wie nach den ersten 17 Takten (ich habe das nachgesehen), rasch und perlend, präzise, fast stampfend das Forte fortissimo einsetzt. Aber wie das ist! Stampfend kann ich nur die übliche Wiedergabe nennen. Hier ist es, bei Buchbinder, ein Ineinandergleiten, jedoch ganz exakter, in Millisekunden aufeinander folgender, sauberster Akkorde. Ein lauter Wohlklang ohne Aufschrecken, ohne sich Jagen, ohne Drängen und doch so rasch, präzise, hinreißend. Ich kann nicht jeden Satz mit meinen laienhaften Ansichten wiedergeben. Ich höre und höre immer noch.

Als Buchbinder endet, vom Flügel aufsteht, brandet der Applaus. Brandet, sagt man. Gut, man hat heftig applaudiert, einzelne Bravorufe. Nur unsere Freundin ist aufgesprungen und hat laut ihr Bravo in den Saal geschmettert. Vielleicht hätte ich es auch tun müssen. Aber ich war benommen, zu sehr benommen. Vielleicht ist es schwülstig, wenn ich denke, es wäre so gewesen wie wenn ich bravo rufe, wenn endlich der Herr oben am Kreuz gestorben ist. Aber hier geht es ja gar nicht um überirdische Dinge. Es geht um Kunst, um menschliche Kunst von Komponist und Interpret.

Selbstverständlich muss Buchbinder Zugaben spielen. Er bringt den dritten Satz der Jagdsonate. Ich habe ihn nicht gekannt. Applaus. Und als Buchbinder noch eine Zugabe ankündigt, lacht das Publikum verständnisvoll, als er den Finalsatz ansagt. Es ist aber, wie er nach einer Pause hinzufügt, der der Pathétique. Hinreißend. Applaus, Applaus.

Eigenartiger Weise hat Buchbinder am Schluss seines Konzerts nicht die üblichen Blumen sondern ein Paket mit Produkten der Bauernmolkerei erhalten, wie schon der Ministerpräsident, der gar nicht gespielt hatte.

Man geht aus dem Saal in das Foyer. Es gibt, auf Kosten der Bauernmolkerei ein Getränk in Sektgläsern. Irgendetwas Trübes ist da dabei, das mit Sekt aufgegossen wird. Wenn man die eingießenden Damen anlächelt und schüchtern fragt, bekommt man auch Sekt pur, was noch besser ist. Wieder die Intendantin mit Hut, Stoiber, Ramsauer und Honoratioren. Nach einer Weile kommt sogar Buchbinder in einem zivilen Anzug. Er darf mit Stoiber und den anderen sprechen. Otto Schenk habe ich nur kurz gesehen. Vielleicht war er müde. Er scheint mir ein wenig gealtert. Ich kann das allerdings nur sagen, weil kein Spiegel in der Nähe ist, in dem ich mich sehen könnte.

Der kränkliche Herr aus der Pause, zupft mich wieder leicht am Ärmel.

„Nun, was hab ich dir gesagt? Er hat meine Opus 57 verstanden. Wie sich die Welt verändert hat. Du weißt doch, dass ich Virtuose war, wie man so sagt. Natürlich hätte ich nie etwas geschrieben, was man nicht spielen konnte, was ich nicht spielen konnte. Aber es gibt ja solche Angeber, die behaupten, ich hätte meine eigenen Sachen nicht spielen können. Unsinn. Natürlich konnte ich. Es hat nur anders geklungen, denn ich hatte keinen Steinway, keinen Bösendorfer oder sonst einen dieser Wunderflügel. Aber die meisten haben mich ja einfach nicht begriffen. Nicht nur hier am Klavier. Immer machen sie einen breiigen Gott aus mir. Dass ich hart gearbeitet habe, nach innen gehorcht, weil ich wusste wie etwas klingt, auch wenn ich es nicht hören konnte. Die da – er deutete auf seine Hörgeräte – hätten mir Genuss verschafft, aber gebraucht hätte ich sie nicht unbedingt. Lass sie da weiter streiten. Was machen sie aus meinen Symphonien für einen schwülstigen Brei? Da hat mal ein Gielen – ich weiß nicht ob du den kennst, ein Dirigent, früher hatten wir ja nur Taktschläger – eine Symphonie von mir mit der Stoppuhr, neumodisches Zeug, gemessen, so wie er sie dirigierte. Man hat ihn fast zerrissen. Dabei hatte ich den größten Genuss. Auch er hatte verstanden, was ich meinte. Aber du musst dem nicht nachtrauern. Du hast doch heute gehört wie es sein kann, wie ich es immer gemeint habe. Nicht göttlich, einfach wunderbar, sauber, richtig.

Könntest du mir auch ein Glas von dem Getränk, das du da hast, holen? Sag nicht, dass es für mich ist. Die Ärzte meinen immer, es könnte meiner Leber schaden. Aber, soll ich auf das bisschen Wein verzichten, das ich täglich trinke? Wozu? Ich habe ein Leben voll Musik gehabt. Sie zu erfinden, aus mir zu hören, war das, was ich konnte. Alles andere soll an mir vorbeigegangen sein, sagt man. Ich weiß es nicht. Aber bring mir bitte ein Glas von dem Zeug. Im Vorbeigehen kannst du ja dem Klavierspieler dort, er steht bei so komischen Leuten, sagen, dass ich sehr mit ihm zufrieden war."

Ich ging an den langen Tisch mit den Gläsern und dem Sekt. Ich ließ mir ein Glas extra, pur, geben. Zu Buchbinder wollte ich jetzt nicht. Ich wäre mir aufdringlich vorgekommen, auch wenn ich nur etwas ausgerichtet hätte. Ich wollte gerade zurück zu meinem seltsamen bekannten Unbekannten, als sich die Bodyguard auf einmal zwischen mich und die anderen Leute schob, weil seine Exzellenz der Herr Ministerpräsident mit Gattin wieder nach Hause wollte. Als sie vorbei waren und einen Schwarm der Gäste hinter sich gezogen hatten, weil sie anstandshalber auch gehen mussten, fand ich nur noch wenige Leute, unsere Freunde und meine Frau. Sie sahen mich so eigenartig an, aber ich hatte nicht zu viel getrunken. Mein Freund oder Bekannter, der, der mich angesprochen hatte, war verschwunden. Dass er mit dem Stoiber mitgegangen war oder mit dem Buchbinder, den ich auch nicht mehr sah, konnte ich mir nicht vorstellen. Ich suchte ihn im Treppenhaus und wo ich sonst hin konnte. Das Glas Sekt für ihn hatte ich irgendwo abgestellt. Zu den anderen sagte ich nichts mehr. Sie fragten nur, am Nachhauseweg, warum ich so schweigsam wäre.

Wilhelminenberg,

Wien, 16. Gemeindebezirk Ottakring auf dem Gallitzinberg.

Mit etwas Ehrfurcht müsste man ja sagen: Schloss Wilhelminenberg. Es ist ein großer Kasten mit einem Mittel- und zwei Seitenrisaliten. Die Auffahrt zum Eingang im Mittelrisalit ist pompös, zur Geschichte des Schlosses passend. Ganz gewiss sind hier die Kutschen und Chaisen unter Dach vorgefahren, damit die Herrschaften beim Aussteigen, wenn es regnet, nicht nass werden. Wer hier alles vorfuhr, ob Grafen, Barone, Fürsten, weiß ich nicht. Drinnen im Schloss, zu Zeiten des Vorfahrens, lebten der Fürst und seine Frau Wilhelmine, die zumindest Gattin genannt werden müsste, die sehr wohltätig gewesen sein soll, so dass sie dem Wilhelminenspital in Ottakring nicht nur den Namen sondern auch viel Geld gegeben hat. Das war im Jahr 1888, in dem die Fürstin Wilhelmine Montleart-Sachsen-Curland einen Betrag von 150.000 Gulden für das Spital gespendet hat, als man am Schloss nicht mehr vorfuhr, die gute Wilhelmine längst den Besitz abgegeben und sich ins Jenseits zurückgezogen hat. Das Schloss, das baufällig gewesen sein soll, hat man nach Wilhelmines Tod abgerissen und ein neues gebaut. Wenn man das alte Schloss doch gerettet hätte, denn immerhin war sein Erbauer der Russische Botschafter in Wien, ein Herr Gallitzin, der wahrscheinlich auch ein Fürst war, der auf dem Predigtstuhl, wie der Berg damals hieß, das Schloss bauen ließ, wären die Russen sehr früh in Wien präsent gewesen. In dieses aber neu erbaute Schloss zogen dann nach einigen verwandten Fürsten, sogar Soldaten, Verwundete aus dem Ersten Weltkrieg und später, dem Zweiten, die Österreichische Legion der NSDAP, weil die Österreicher nie Nazis waren, die Wiener Sängerknaben, die dort sozusagen ihren ständigen Wohnsitz hatten, schließlich Befreite aus Konzentrationslagern und erholungsbedürftige Kinder ein. Diese Kinder hat man dort, wie erst jetzt, 2011, 65 Jahre nach ihrer wohlmeinenden Erholung bekannt wurde, sexuell missbraucht. Wir erfuhren davon nach unserem dortigen Aufenthalt, der keiner geworden wäre, wenn wir dies gewusst hätten.

Zuletzt und bis heute hat man aus dem großen Kasten ein Hotel gemacht, hat renoviert, eingeweiht, wieder renoviert und wieder eingeweiht, zuletzt sogar so sehr, dass man einen vierten Stern an die Taferln und an den Namen im Internet machen konnte. Dieser vierte Stern ist ja fast ein Muss, wenn man den großen, grauweißen Block in Neo-Empire-Stil von 1904 sieht, der sich nicht hinter den Bäumen des weiten Parks verstecken muss. Man sieht ihn einfach: groß und ehrfurchtgebietend, sowohl von der Vorder- als auch von der Rückseite, mit Risaliten, hoch aufragend, weil risalire sich erheben heißt, und diese vielleicht einmal Ecktürme waren oder sein sollten. Wenn man davor steht, muss man den Kopf sehr in den Nacken beugen, um auch nur bis auf die Dachkante zu schauen. Dabei, und man glaubt es fast nicht, ist das Schloss nur ein zweigeschossiger Bau, gerade noch mit einem Mezzaningeschoss im Mittelrisalit. Aber welche Höhe haben allein die Fenster! Das erahnt man erst, wenn man, wie wir, in einem der Zimmer logiert. Hätte man auf halber Höhe eine Decke eingezogen und auf diese wieder einen Fußboden, vielleicht mit Eichenparkett gelegt, hätte man immer noch zwei keineswegs niedrige Zimmer übereinander gehabt. Aber man hat es nicht. Nun gut, man sollte den Bau nicht nur von seiner Eingangsseite her sehen, sondern ruhig um das Haus, wenn man es so nennen will, herumgehen. Aber da sieht alles genauso bombastisch aus wie die Vorderseite, nur, dass man anstelle der Auffahrt eine riesige Freitreppe hat. Und, zu welcher Jahreszeit auch immer, wenn man sich vom Hotel weg wendet, ein wenig über den Rasen und den ganz nahen Weinberg hinweg blickt, hat man den fünften Stern, den das Hotel damit verdient hätte: den grandiosen Blick auf die weite Stadt Wien. Ich will noch ein bisschen warten mit dem Aufzählen, was man alles sehen kann, denn, als wir nachts ankamen, konnte man den Blick zwar erahnen, weil Tausende von Lichtern aus einer gewissen Ferne herauf funkelten und man wusste, dass man auf den Höhen des Wienerwalds ist. Da kann man dann auf einer Holzveranda sitzen, in die Nacht sehen; auf einer Seite dunkle Bäume, auf der andern das strahlende Wien und auch noch speisen. Von den fünf bisher vergebenen Sternen zieht man da wohl wieder einen ab, einmal, weil das Wiener Schnitzel absolut nichts Besonderes, die Schweinemedaillons, die den antiken Geruch des Gemäuers atmen, eine Unverschämtheit sind. Lediglich der Grüne Veltliner war einwandfrei. Vielleicht hätte man das anders bewertet, wenn man tagsüber dort gewesen wäre, denn dann hätte der Spruch, dass man bei herrlicher Aussicht nicht auch noch eine gute Küche erwarten darf, zugetroffen. So aber, in der Nacht? Die Veranda, das Pendant zur Auffahrt, hätte schon wieder, seit der letzten Renovierung, etwas Farbe vertragen; es blättert halt alles ein bisschen. Um in die vielleicht pompösen oberen Räume zu gelangen, müsste man eine hinreißend fotografierte Prunktreppe beschreiten. Zu den einfacheren, keineswegs schlechten Zimmern, genügt es den hohen, langen Flur entlang zu gehen. Da sieht man dann dunkle Schatten gespenstisch auf dem rotgoldenen Teppich die die sonst eintönige Farbe unterbrechen. Erst am Tag erkennt man, dass die Schatten von etwas weniger geschrubbten Teppichteilen herrühren. Aber, wer wird denn kleinlich sein: Wenn man nicht einfach geht, sondern schreitet, ist man ein Fürst und kann lässig, ein wenig mit erhobener Hand, das Personal und die vielen dunkel gekleideten Damen und Herren, denen ihre Firma ein Zwangsseminar in den fürstlichen Räumen spendiert hat, freundlich lächelnd grüßen. Man kann in den großen Saal gehen, nicht schreiten, weil man von zwei hintereinander liegenden Flügeltüren, jeweils nur einen Flügel geöffnet hat, so dass man sich eher hindurch winden muss, etwas gebremst wird. Vielleicht ist diese Anordnung noch aus der Zeit der Sängerknaben, die man nicht ungestüm auf das Frühstücksbüffet losstürmen lassen wollte. Wahrscheinlich gab es aber zu deren Zeiten kein solches, sondern nur Malzkaffe, Milch und Marmeladebrot, um die feinen Stimmen nicht zu verderben. Und die armen Kinder, die nach dem Krieg hier ein wenig aufgepäppelt wurden, - ein Jahr lang war das Haus so genutzt worden – sie sind wohl längst, wenn sie sich je erholt hatten, als Greise, irgendwo, in wenig fürstlicher Umgebung gestorben.

Bei strahlendem Wetter, sind wir, als wir im Frühjahr dort waren, hinaus auf die Wiese vor dem Schloss gegangen. Hinter uns, links und rechts, die Höhen des Wienerwalds, doch mit dem Blick bis zum Schneeberg, die Raxalp, bis fast in die

Karpaten, wie es im Prospekt steht, war da nichts. Aber vor uns lag Wien, einfach nur Wien. Jetzt Häusermeer und wer weiß was noch alles zu sagen, geht nicht. Nur Wien genügt. Ein wenig Rotgelb und fast unzählige Türme, von denen jeder zunächst für den Stephansdom gehalten wird. Aber, weil man ja eine Karte, einen großen Stadtplan dabei hat, kann man bald ausmachen, wo was ist. Natürlich sieht man dann den Steffl, sieht die Votivkirche, sogar das Riesenrad im Prater – das war nachts noch viel besser zu sehen – und vielleicht das was man Hofburg nennen möchte. Ganz sicher sieht man zwei Sternwarten und dahinter Schloss Schönbrunn mit der Gloriette.

Um ehrlich zu sein: Wir wollten nicht unbedingt in dieses Schloss, unser jetziges, nur nach Wien wollten wir; und das Schloss? Es war zu verlockend, um es vom Preis, vom Angebot des Reisebüros her, nicht mitzunehmen. Dass dies viele andere auch dachten, ist klar; zumindest dachten Sponsoren der Seminarteilnehmer und die Organisatoren für die Reisegruppe von etwa fünfzig jungen, dürren Japanerinnen und einigen zugehörigen Japanern so. Da ist zwar erst kürzlich, nach dem Erdbeben und dem zugehörigen Tsunami, eine Nuklearkatastrophe ausgebrochen, aber dafür konnten die jungen Leute wirklich nichts und vielleicht war es ihre lange vorher gebuchte und bezahlte Abiturfahrt. Man hat den Japanern die Katastrophe nicht angemerkt, allen übrigen Menschen aber auch nicht. Auch wir haben nach Wien gewollt und Japan war weit, und Österreich hat gar keine Atomkraftwerke. Wie machen die das bloß abends und nachts mit der Beleuchtung von Wien? Wie und womit fahren U-, S- und Straßenbahn? Ja, vielleicht bekommen die Wiener ihren

Strom von den Atomkraftwerken, die direkt an ihrer Grenze in Böhmen stehen? Die Wiener sind sowieso zur Hälfte Böhmen, die andere Hälfte sind Tschuschen und die dritte sind eben Wiener. Also, wenn wir von unserem Schloss aus nach Wien wollen, nehmen wir einen Wagen. Keinen der vielen, die von den Seminarteilnehmern, vielleicht auch hochgestellten Kaufleuten und Monteuren, vor dem Schloss geparkt sind. Wir nehmen den Wagen 46B, der direkt vor dem Schlosseingang vorfährt. Da geht es sanft abwärts durch den Wald, vorbei an Jagdhäusern und einem Gartenlokal, einem Abzweig nach Hernals, über das es ein weinseliges Wienerlied gibt, bis man in riesigem Verkehrgewühl mit Autos, U- und Straßenbahn ankommt. Weil wir gebildet sind und Reiseführer lesen, eine so lange Reise geradezu generalstabsmäßig, was in Wien vielleicht generalfeldmarschallleutnantmäßig heißt, vorbereiten, wissen wir, dass wir an unserem Abendessenstreff vorbeikommen, an der 10er Marie. Mit der Straßenbahn fahren wir zum Brunnenmarkt. Er wird sehr gelobt, dieser Brunnenmarkt, fast gepriesen. Ein wenig anders zwar wie der Naschmarkt sei er, aber dafür bunt, quirlig und aufregend. Aber wie ist er, der Brunnenmarkt? Lang ist er. Und Berge von Fleisch, Fleischen, Gemüse, Gemüsen, frisch und in Dosen, Socken für Damen und Herren, Kleider, Decken und was noch alles, gibt es dort. Im Bus saßen vor uns vier Wiener, die vom Brunnenmarkt erzählten und meinten, dass dort sie, die echten Wiener, jetzt die Ausländer seien. Stimmt. Es sind aber nicht nur die Türken, die dort ihre, für uns nicht immer gewohnten Genüsse ausliegen haben, denn es gibt auch Berge von nichtislamischen Schweinestelzen, wie da die Haxen heißen und sogar viele Schweineköpfe, die die Leute, die durch die Markgasse laufen, aus leeren Augenhöhlen anschauen, vielleicht anlächeln. Gut ist, dass am Ende des Marktes das Marmeladengeschäft Staud ist. Man bekommt dort zu einem Fünftel des Preises, den man in normalen Feinkostgeschäften hinlegen müsste, die gleichen Gläser mit allen Feinheiten dieses Metiers und noch dazu mit Deckelchen von Dürer über Rembrandt, bis Rubens, Schiele und Strauß.

Dass ich es nicht vergesse: Der eigentliche Grund zu unserer Reise, die durch das „Wilhelminenberg“ nur noch das Tüpfelchen auf dem i bekam, war eine Ausstellung im Unteren Belvedere von Egon Schiele. Es waren Portraits aller möglichen Leute aus allen möglichen Ländern zusammengetragen. Wunderbar. Man kann Schiele nicht beschreiben – was auch niemand verlangt – man muss sich das ansehen. Dann fährt man wieder mit einer Straßenbahn in die Innenstadt und kommt so zur Hofburg mit ihren vielen Trakten. Immer ist dies etwas Großartiges, Erhabenes. Man kann da ein wenig um Ecken herumlaufen, wenn man es weiß, und kommt zum Café Bräunerhof in der Stallburggasse. Thomas Bernhard hat dort gesessen und seinen Kaffee getrunken, wahrscheinlich seine Zeitungen gelesen, wie man es heute noch macht. Wir saßen unter einer Fotografie von Thomas Bernhard und haben einen Topfenstrudel und eine Gulaschsuppe gegessen. Zwei typische Wiener Sachen, die man, zumindest dort, vergessen kann. Die Gestalten, vielleicht sind es Literaten, die dort sitzen, sind wie zu Zeiten Bernhards oder zu allen Zeiten der Wiener Kaffeehäuser, die gleichen. Sie haben eine Tasse, eine Mokkatasse, Kaffee und ein Glas Wasser vor sich und lesen die Zeitungen, die das Cafe sich hält. Schade, dass man die Leute nicht fotografieren darf, weil es sich nicht gehört, denn sie sehen alle aus wie im Film über die Literaten von Wien. Wahrscheinlich halten sie sich auch dafür. Es überkommt einem aber schon ein leicht fröstelndes Gefühl, wenn man über Topfenstrudeln essend und Gulaschsuppe löffelnd daran denkt, dass Bernhard hier saß, während über ihm in diesem Haus, sein Freund, „Wittgensteins Neffe“, eigentlich am Vermodern war. Bernhard wird diese Geschichte nicht erfunden haben, denn dazu ist sie zu ungeheuerlich, zu realistisch, wie sie nur von Bernhard sein kann. Wenn man einmal hinaus muss, des Bedürfnisses wegen, nach hinten geht, wo auch die Küche ist, wird alles ein wenig düster, abgegriffen und man meint fast etwas vom Elend des Wittgensteinschen Neffen zu riechen. Aber das ist wahrscheinlich alles normal, so wie man es immer gehabt hat. Warum jedoch ist man eigentlich hin, in den Bräunerhof? Um ein bisschen mit unter sich zu sein, unter Literaten, Intellektuellen, Bohemiens? Man war dann unter sich, wie im ganzem Leben: Ein Paar, das im Laufe der Jahre gelernt hat, dass der andere keine Milch in den Kaffee mag, auch keinen Zucker. Wie es bei Thomas Bernhard war, weiß ich nicht. Vielleicht hat er, der das kleinste Detail beschreibt, darüber nichts gesagt.

Wenn ich noch einen weiteren Grund für unsere Wienreise anführe, dann ist es der, wie in den „Alten Meistern“ von Bernhard, vor dem „Bild eines bärtigen Mannes“, von Tintoretto, sitzen zu dürfen. Vor diesem Bild, saß bei Bernhard, ein gewisser Reger, der alt, verwitwet, auch einmal lungenkrank gewesen sein soll, zwei- bis dreimal wöchentlich stundenlang und betrachtete es. Daneben, neben dem Bild, ist eine Türe, vor der eine gelangweilte, junge Museumswärterin sitzt. Ich denke doch, dass sie die Geschichte von dem Reger, der sich immer wieder den bärtigen Mann angesehen hat, zumindest gehört hat. Sicher ist das nicht. Ich habe die Junge Wärterin ein wenig betrachtet, beobachtet, nicht wie Reger den Tintoretto jahrelang, sozusagen studiert hat, sondern höchstens ein Mal, an die zwanzig Sekunden. Da lohnt sich schon eher den Bärtige Mann näher anzusehen, weil er gar nicht das Allerweltsaussehen hat wie die jungen Leute heutzutage. Im Saal nebenan, dem Veronesesaal, kann man wie überall viele altehrwürdige Kunstpornos ansehen. Viel, viel Fleisch mit vielen, vielen Brüsten ist da zu sehen. Wie oft die Susanna da baden und sich von zwei Alten hat beobachten lassen müssen, kann man gar nicht erahnen. Gewiss war es im Süden und wo die Götter wohnten sehr heiß, so dass die Göttinnen immer barbusig herumlaufen mussten. Auch was Lots Töchter mit ihrem Vater trieben, muss man schon genau studieren. Das ist eben Kunst und nicht nur nackige Weiber, weil ja immer etwas dargestellt ist, was in der Bibel oder bei Homer stand, und, wenn man gar nichts mehr hat, worauf man sich beziehen kann, so heißt man die schöne Nackte einfach Allegorie auf irgendwas. Aber glaubt nicht, dass wir uns in irgendeiner Weise entsetzt haben, über Scheinheiligkeit und so, nein, mir jedenfalls hat es gefallen. Gefallen haben mir auch die Figuren, die dort ausgestellt waren. Eine war das Abbild des Kaisers aus dem Hause Habsburg, welcher weiß ich nicht mehr. Aber er hatte die typische Unterlippe der Habsburger, die ich diesen gönne, aber schon so! Was hat dieses edle Geschlecht, außer Unglück, über die Welt gebracht? Wir haben abends bei der 10er Marie darüber sinniert.

Wenn man den zweiten Tag in Wien ist und am ersten schon so viel gesehen hat, könnte man eigentlich wieder nach Hause fahren. Aber das haben wir nicht gemacht, sondern sind nochmals, weil Fotografierwetter war, wieder in die Stadt, haben das Parlament mit der Athene davor geknipst und Palais, von denen wir nicht wussten ob sie einem Fürsten oder einer Versicherung gehören. Meine Liebe hat gesagt, und dem stimme ich zu, dass es das Parlament und noch Vieles in Wien aus dieser Zeit, an Hässlichkeit mit dem Gebiss von Rom, dem Denkmal des Vittorio Emanuele, aufnehmen kann. Aber, erhaben ist erhaben und Rom ist Rom und Wien bleibt Wien. Dann sind wir in zwei Prunksälen gewesen. Zum ersten kommt man, wenn man so hinter der Hofreitschule entlang geht, wo Lipizzaner zum Fenster heraus schauen, je ein Lipizzaner pro Fenster. Hofreitschulbedienstete karren Mist weg und ein Gaul steht unter Rotlichtlampen, um sich aufzuwärmen, das heißt, man hat ihn da hingestellt. Ich glaube, dass es früher wenige Wiener so gut hatten wie die Pferdln in der Hofreitschule. Wie das weitergeht mit den Lipizzanern, weiß ich nicht. Vielleicht bekommen sie einen Gnadenhafer, irgendwo, an der Grenze zu Ungarn. Dass man aus ihnen Salami macht, glaube ich nicht, weil das pietätlos wäre, und das sind die Wiener, die so viel auf ihre Friedhofskultur halten, gewiss nicht. Aber dann wollte ich doch unbedingt in den ersten der zwei Prunksäle, in den Prunksaal der Hofbibliothek. Man muss das schon gesehen haben: die vielen, vielen Bücher, Folianten, einen Globus, Figuren, Marmor am Boden, Marmor als Säulen, Deckengemälde, Geheimtüren, Treppen und wieder Marmor. Das ist Barockissimus. Gesehen muss man das schon einmal haben.

Obwohl man schon früher in Wien war, hat man jetzt wieder in den letzten Kunstführer von Wien gesehen und bemerkt, dass man doch viele der Prächtigkeiten noch nicht gesehen hat. Man will nachholen soviel es geht, zieht los, orientiert sich am Stadtplan und stellt fest, dass man doch schon da gewesen sein muss, nur ist das Kunstwerk, das man jetzt so schön im Kunstführer fotografiert findet, in natura nicht aufgefallen. Dann also zu Maria am Gestade: Eine Kirche mit einem bizarren Turm, innen Uraltgotik raus Neugotik rein, furchtbar. Es ist die Tschechische Nationalkirche und unter ihr, die Treppen abwärts, ist der Hanakenbrunnen, zum Andenken daran, dass ein Hanakischer Bader, den würde man heute Heilpraktiker nennen, Menschen überfiel und verletzte, um sie dann als Patienten zu behandeln. Das war aber, wie ich meine, nur eine individuelle Arbeitsbeschaffungsmaßnahme, wie sie sonst europäische Staaten erschaffen, um der Arbeitslosigkeit Herr zu werden. Anstatt den Hanakischen Bader als Heilpraktiker zu bezeichnen, könnte man ihn vielleicht auch Arzt nennen, weil dies heute in Österreich und bei uns nicht viel Unterschied macht. Die Hanakei übrigens, ist östlich in der Tschechei gelegen, in Mähren. Und die Hannakei, mit zwei n geschrieben, ist mit der Hanakei identisch, was man ihr zutrauen könnte. Das „identisch, was man ihr zutrauen könnte", stammt nicht von mir, sondern aus einem alten Polizeibericht, der nichts mit den Hanaken zu tun hatte.

Es ist besser man macht einmal eine Pause, fährt mit Straßenbahn und Bus zum Wilhelminenberg, um sich bei schlichtem Neo-Empire zu erholen, bevor man erneut aufbricht, zur großen Pracht von Schönbrunn. Dass man dorthin mit der Straßenbahn Linie 10 fahren kann, durch eigenartigste Häuserreihen mit ebenso eigenartigen, bunten Geschäften, nicht elegant sondern heruntergekommen wie so vieles dort, hätte sich die Maria Theresia, die im Gegensatz zur allgemeinen Meinung, nie Kaiserin, allenfalls Königin von Ungarn mit Kroatien und von Böhmen, sonst nur popelige Regierende Erzherzogin des Hauses Habsburg war, nicht träumen lassen. Dabei gibt es so viele Fiaker um das Schloss Schönbrunn, mit denen eine Fahrt aber etwas teuerer kommt als mit der Straßenbahn. Also gut, wir haben im strahlenden Sonnenlicht das gelbgoldene Schloss Schönbrunn nochmal von außen angeschaut. Hinein, in die Prunk- und Schauräume, wollten wir nicht, weil wir das, was so viel Schweiß und Leben der alleruntertänigsten Untertanen gekostet hat, nicht auch noch bestaunen wollten. Und diesmal haben wir es sogar, langsamen Schrittes, im Garten, bis zur Gloriette geschafft. Ich wollte zumindest sehen, wie der Weiher den man vom Flugzeug aus hinter dieser sieht, von nah, in echt wirkt. Der Blick, herunter von der Gloriette, auf das riesige Schloss, Schönbrunn, auf die Stadt Wien und, wenn man genau hinschaut, durch die noch unbelaubten Bäume, auf das Schloss Wilhelminenberg, unser Schloss, die Höhen des Kahlenberges, wo davor auch die Baumgartner Höhe ist, ist schon wunderbar, wie der Wiener sagt. Aber wozu, oder, wie wiederum der Wiener sagt, zawos man die Gloriette heute braucht, weiß ich nicht. Die Gloriette diente einst als Speise- und Festsaal sowie später als Frühstückszimmer für Kaiser Franz Joseph I, der dort wahrscheinlich ohne seine Sissi auskommen musste. Heute darf das gemeine Volk dort ins Wirtshaus und auf den hinteren Weiher blicken. Bei so viel

Pracht, Wien und Wirtshaus, kann man nur herunter von der Gloriette, in die Straßenbahn Nummer 10 steigen und zur 10er Marie fahren. Das oder diese, die 10er Marie, ist der älteste Heurige in Wien, zumindest in Ottakring. Dort haben wir beide, Wienerschnitzel vom Schwein mit Erdäpfelsalat gegessen, viel besser als in unserem Schloss und dazu gab es Grünen Veltliner und Neuburger. Und das alles ohne Schrammelmusik, nur so, wie beim Heurigen. Man könnte süchtig werden, süchtig wie die einfachen Leute, die wir ja sind, nach dem einfachen Leben, das allerdings auch dort bereits auf das schlicht Nobelste gestylt ist. Also nochmal essen und trinken wie beim Heurigen und dann schlafen gehen. Vor der 10er Marie und vor unserer Hotelpause waren wir allerdings in einem weiteren, also dem zweiten der angekündigten Prunksäle von Wien gewesen, bei Meinl. Das ist ein Fresstempel zu stolzesten Preisen, für auserlesene Feinschmeckereien. Den Wienern gönne ich das alles, vor allem die Preise. Aber gute Sachen gibt es dort und man kann so schön üben, sich das Wasser im Munde zusammenlaufen zu lassen. Weil man mit dem Flugzeug da ist, kann man nichts, außer kleinsten Kleinigkeiten, die nicht explosionstauglich sein dürfen, mitnehmen. Macht nichts, und die 10er Marie ist deshalb nicht weniger schön geworden.

Man frühstückt ein letztes Mal, um dann mit dem Reisegepäck vom Wilhelminenberg auszuchecken. Man muss etwas früh auschecken, nicht nur weil unser Schloss am andern Ende Wiens, gesehen von Schwechat, dem Flughafen aus liegt, auch wenn das Flugzeug erst Stunden später startet, sondern wegen des Arrangements mit dem billigen Flug und dem noblen Hotel. Man fährt U-Bahn, zum S-Bahnhof Wien

Mitte und deponiert das Gepäck. Noch mal Stephansdom, Zahnwehhergott, Postkarten schreiben, und weil noch Zeit ist, kann man ins Mozarthaus. Da sind wir schon früher vorbei gegangen, nie hinein. Ist eigentlich schön dort, wo das Wolferl einige Zeit gewohnt hat und zum Beispiel den Figaro komponiert hat. Jetzt sind sie alle begeistert, die Wiener, von dem Mozart. Sie haben ihm sogar ein Ehrengrab auf dem Friedhof errichtet, weil sie sein eigentliches Grab, ein Massengrab, in das man ihn, als er tot war, warf, gar nicht mehr kennen. Das sei damals so üblich gewesen, das mit dem Massengrab, sagt man heute. Aber immerhin hat neben dem Mozart auch der Beethoven sein Ehrengrab. Das ist ja schon schön, wenn das Kulturamt der Stadt Wien, gemäß den „Richtlinien für Grabwidmungen", zusammen mit dem Bürgermeister entscheidet, wer ein Ehrengrab bekommt. Da kommt es auch gar nicht mehr darauf an, ob etwa Gebeine oder sonst was in dem Ehrengrab liegen. Das ist gar nicht nötig, sagt man, denn, den Beethoven zum Beispiel, hat man ja ganz normal auf dem Währinger Ostfriedhof in begraben. Sein Ehrengrab auf dem Zentralfriedhof sei seinem eigentlichen Grab nachempfunden, sagt man. Ja, schön ist es schon, das Wien, aber halt gestorben sein, dort, selbst wenn es ein Ehrengrab ist? Ich weiß nicht recht.

Eigentlich hätten wir, wo wir schon im Wilhelminenberg waren, ein wenig weitergehen müssen, zur Baumgartner Höhe, die ja ganz in der Nähe liegt. Aber ich denke, so viel hält man nur aus, wenn man unbedingt muss. Haben wir nicht selbst eine Art „Baumgartner Höhe" gehabt? „Sie übernehmen eine der führenden Kliniken Europas" hat man mir gesagt, als ich zum Chef einer solchen „Baumgartner Höhe", in einem anderen Land, unserem, berufen wurde. Ich habe die Liegekuren, die man dort, in Wien, erfunden oder miterfunden hatte, in meiner Einrichtung versucht abzuschaffen, was mir, vor 35 Jahren war das, nichteinmal gelang. All das kam wieder aus der Verdrängung hervor, als ich Thomas Bernhard las. Der schrieb von der Baumgartner Höhe, von seinem Freund, dem „Neffen Lichtensteins", der auch dort war, in einem anderen Bau, mit einem anderen Leiden, eben der, der über dem Café Bräunerhof vermoderte. Bernard beschrieb das Elend der Menschen, die zu Aussätzigen gemacht wurden, die der Allmacht von Ärzten unterworfen waren. Man kann das selbst in der Schilderung kaum ertragen, außer man hat sich von der Welt abgemeldet. Und dabei ist alles so hehr, so erhaben, selbstverständlich, dass kaum Zweifel an der Rechtmäßigkeit des eigenen Tuns aufkommen. Das ist kein Vorwurf an Wien, denn überall gibt es die Primarien, die Chefs, die unfehlbaren Weisen. Aber was hat Georg Kreisler gesungen? „Der Tod muss ein Wiener sein". Vielleicht doch. Und was hat Thomas Bernhard geschrieben? Er hat das Geschriebene nicht erfunden, dazu ist es zu real, auch wenn einer meiner Kollegen zu Bernhards Leiden und Tod schrieb, dass es das nicht gebe, das Ärzte über einen Patienten lachen, wenn auch mit ihm zusammen. Wir sind deshalb ein andermal auf den Friedhof von Grinzing gegangen und sind ans Grab von Thomas Bernhard. Das Grab liegt unter einem Baum. Ein schmiedeeisernes Kreuz mit goldenen bemalten, dünnen, geschwungenen Bändern und einer Namenstafel, lassen das Grab, etwas abseits der Prunkgräber, zu einem Ort des Friedens werden. Auf der Namenstafel auf dem Kreuz stehen drei Namen: Franz Stavianicek, Hedwig Stavianicek und Thomas Bernhard. Das Grab zählt zu den Gräbern „anderer

Persönlichkeiten“, die auf diesem Friedhof begraben sind. Zu den “ehrenhalber gewidmeten Gräbern“, wie Gustav Mahler und andere Berühmtheiten sie dort haben, zählt Bernhards Grab nicht. Aber auch ein Fußballnationalspieler ist dort begraben, bei den „anderen Persönlichkeiten“.

Was soll man machen? Wien ist so zauberhaft, im wahrsten Sinn. Wenn man vom Wilhelminenberg herab sieht auf die Stadt, mit den rotgoldenen Häusern, denkt man an Kunst, Armut, Prunk, Lust und Tod. Man kann sich Thomas Bernhard zwar auf Hörbüchern einfach anhören, doch man sollte seine Bücher lesen. Hören sollte man eher Georg Kreisler: „Der Tod muss ein Wiener sein.“ Und was sagt der Wiener dazu? „Ja, I waaß!“